最短最速で目標を達成する

OKR マネジメント入門

OKR Japanマスターファシリテータ　天野勝
OKR Japan　監修

かんき出版

Prologue

リーダーの役割は、チームのゴールを示すこと

「リーダー」とはなんでしょうか？　世の中には、さまざまな定義があふれています。

本書では、次のように定義します。


3〜6人規模のチームの、パフォーマンスと成果を最大化する責務を持つ人

なぜ、このような責務を持った人が必要なのでしょうか？

それは、**単に人が集まっただけでは、求められる成果を出すのに、かなり多くの労力をかける必要があるから**です。

ほとんどの場合において、人が集まったとき、一人ひとりの力を出す向きは異なります。このような状況では、各人が頑張っても、トータルとしての成果は振るいません。

1人が一人前の仕事をしているのに、5人で仕事をすると4人分の成果しか得られず、5人分の仕事をしようとするとなぜか7人必要になってしまう……、そんな状況はないでしょうか。

そんなとき、何がゴールかを明確にすることで、チームの方向性を揃えられるようになります。**このゴールをチームに示すことが、リーダーに求められる最大の役割です。**

リーダーやメンバー、それぞれのマンパワーでは限界があります。

複数人の力を活かして、1人ではできないことを成し遂げるのがチームです。

しかし、ゴールを明確に示しただけでは、寄せ集められた人たちが、すんなりと十分な成果を出せるようなチームにはなりません。人は恒常性と呼ばれる性質を持っており、ある程度安定した状態であれば、できる限りその状態を保とうとするからです。

一般的には、チームは7ページのタックマンモデルに示すような、「形成期→混乱期→規範期→機能期→解散期」という経過を通っていきます。

【形成期】

メンバーが集められてチームができ上がる。はじめは仕事に慣れていないが、これまで行ってきた仕事の延長線上で仕事をこなしていくうちに、仕事に慣れて少しずつ成果が上がる。メンバー同士のコミュニケーションはそれほど多くなく、表面的な付き合いをしている状況。

【混乱期】

一緒に仕事をしていくと、仕事にも慣れ、チーム内のコミュニケーションにも慣れてくる。すると、次第に仕事のやり方などで意見の食い違いが生じてきて、対立の解消に時間が割かれてしまい、作業効率が悪くなる。しかし、そのような衝突を経ることで、人に備わっている「今まで通りに仕事をしたい」という恒常性に打ち勝ち、新たなやり方が生まれる。

【規範期】

新たなやり方を進めていくためにルールが決まり、そのルールに従って仕事をしていく中でさらにルールが整備され、スムーズに仕事が進むようになる。

リーダーの役割はゴールを明確にすること

ゴールが曖昧だと、それぞれが違う方向を向いてしまう。
各人がどんなに頑張っても、成果が小さくなる。

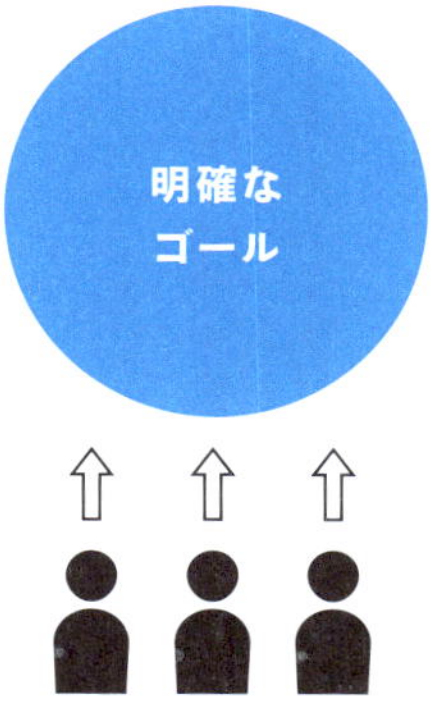

ゴールが具体的だと、同じ方向を向きやすくなる。
ゴールが曖昧な場合と同じ成果を達成するのに、各人の労力が少なくて済む。

【機能期】

スムーズに仕事が進むにつれてチームとしての方向性も明確になり、その方向性を個人が認識し、自発的に動けるようになる。そして成果はますます向上する。

【解散期】

最終的には、いつかはチームは解散する。

このように、十分にチームとして機能するには、どうしても時間が必要になります。この時間を短縮し、素早くチームを立ち上げていくことも、リーダーに求められます。チームの状態に応じてリーダーシップのスタイルを変えていく必要があるのです。

リーダーシップの4つのスタイル

リーダーシップのスタイルとして、1977年にポール・ハーシーとケネス・ブランチャートが提唱したSL（Situational Leadership）理論に基づくモデルをご紹介しましょう。

タックマンモデル

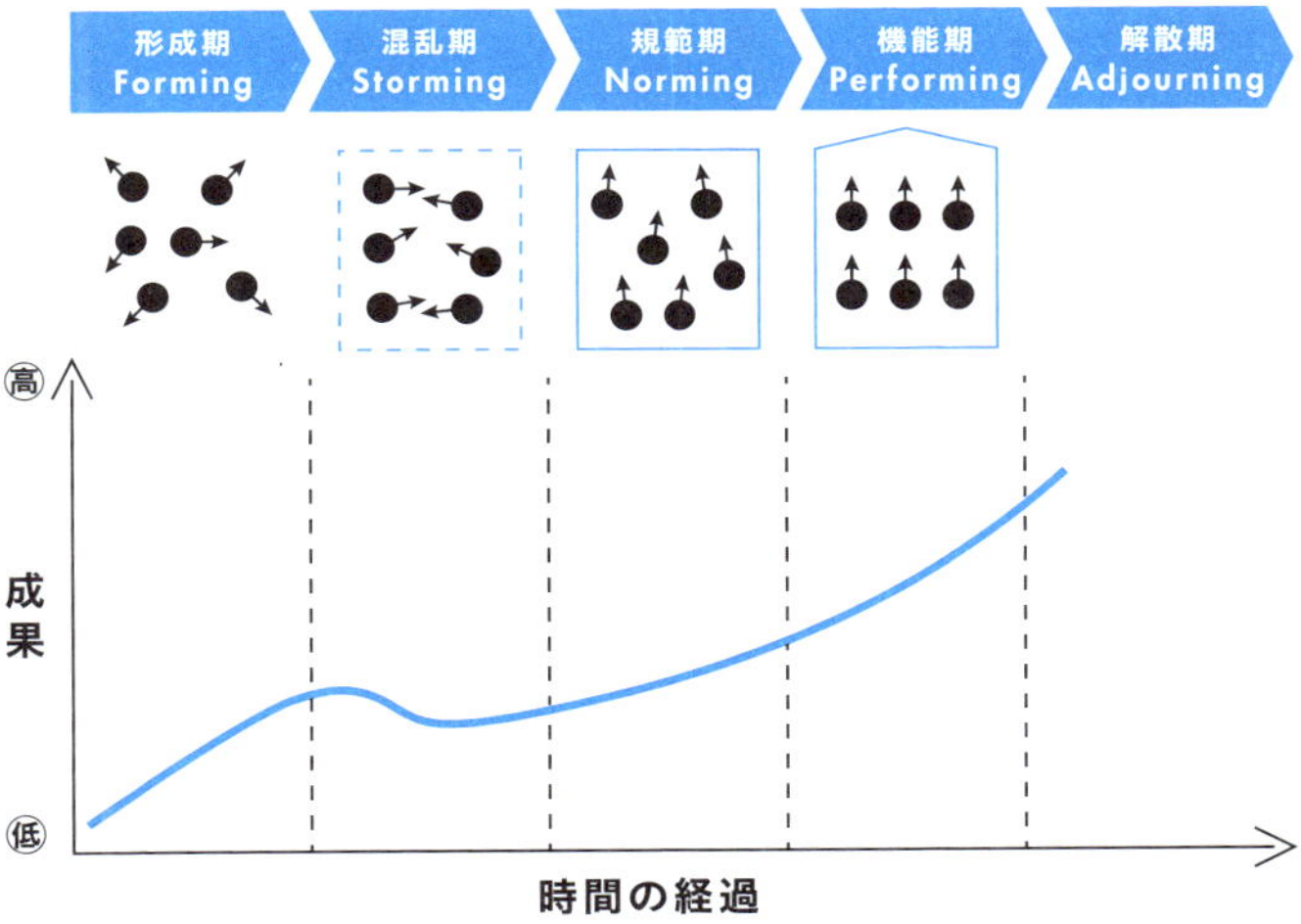
形成期
Forming
混乱期
Storming
規範期
Norming
機能期
Performing
解散期
Adjourning
高
成果
低
時間の経過

この理論ではリーダーシップのスタイルは、S1の指示型リーダーシップから始まり、S2のコーチ型、S3の援助型、そして最終的にはS4の委任型リーダーシップへと変わることを示しています。

横軸の「指示的行動」とは、何をするのか（What）、どのような方法でするのか（How）、どこでするのか（Where）、いつするのか（When）など、業務について詳細に指示すること。縦軸の「援助的行動」とは、部下とよくコミュニケーションをとり、必要に応じて励ましたり、サポートしたりすることです。

S1の「指示型」では、リーダーは業務について具体的に指示し、きめ細かく監督します。意思決定はリーダーが行うため、部下とのコミュニケーションは少ないです。

S2の「コーチ型」では、リーダーは引き続き指示命令をしますが、質問を投げかけるなどのコミュニケーションをとり、部下に提案もさせます。まさにコーチですね。

S3の「援助型」は、リーダーが部下の背中を押してあげるイメージです。部下の意見を聞き、ほめたりアドバイスしたりしながら、意思決定を助けます。

S4の「委任型」では、部下はすでに自発的に行動できるため、リーダーは仕事の責任を部下に任せます。

リーダーシップの4つのスタイル（SL理論による）

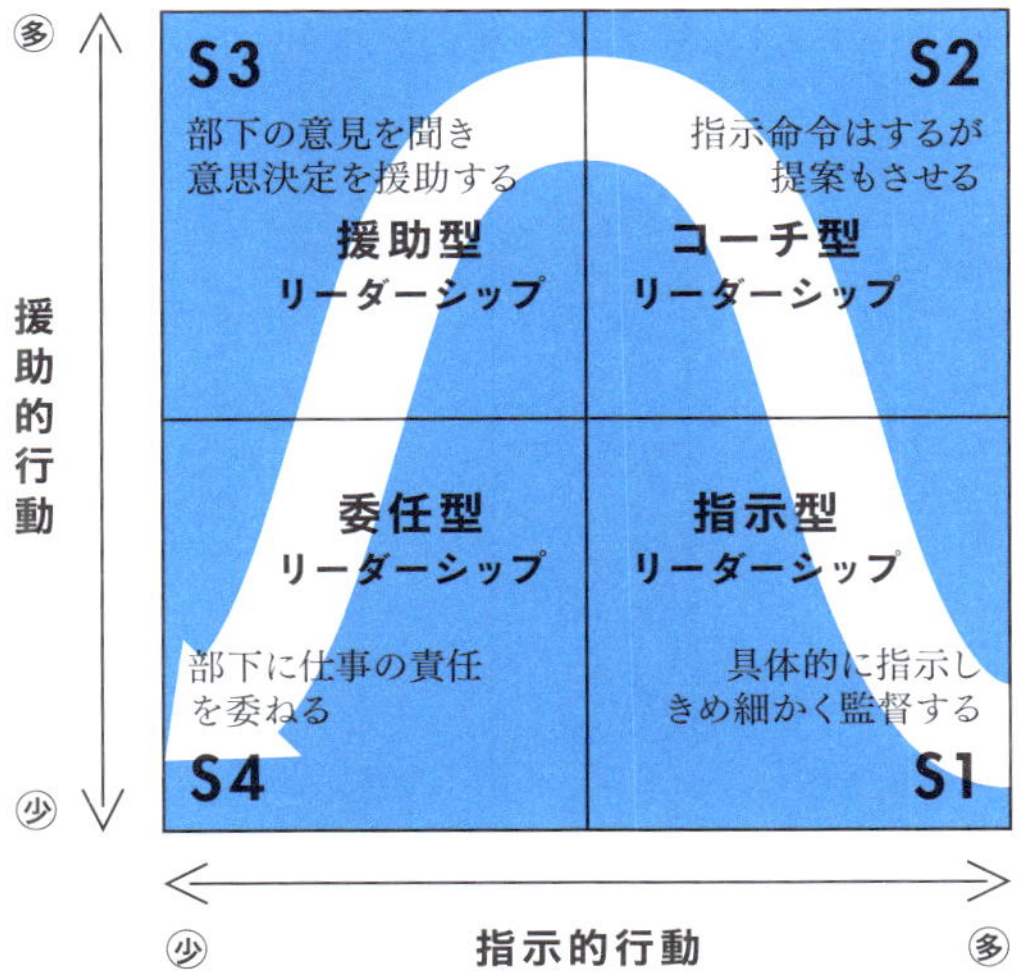

報われないリーダー

さて、本書をお読みのみなさんは、S1からS4のうち、どのリーダーシップを実現しているでしょうか。

リーダーたるもの、颯爽とチームメンバーをまとめ上げ、最高のパフォーマンスを引き出したいと思うことでしょう。テレビや雑誌、ネットで取り上げられる、世界のリーダーに憧れを抱いている方もいるでしょう。

しかし、現実は厳しいもので、みなさんがどんなに頑張ってもメンバーとの溝は埋まらず、頑張れば頑張るほどメンバーとの溝が深まっていくというのが現実かもしれません。

リーダーとして頑張っているのにこれでは報われませんね。

しかし、このような状況になってしまっているのは、リーダーのあなたがよかれと思ってしている行動が原因かもしれません。

リーダーとして頑張っているのに、報われないケースをいくつかご紹介します。このようなケースに心当たりがあるようでしたら、リーダーであるあなたの頑張り方が問題だと思ってください。

【ケースA】属人化、やれる仕事しかしない、強く言えない

チームメンバーは自分よりも年上のベテラン揃いで、ものすごく気の利くメンバー。リーダーが年下でも、アットホームな雰囲気で接してくれる。ベテランなので、慣れた様子でどんどん仕事をこなしていく。しかし、新しいタイプの仕事をお願いすると、「やったことないから無理。失敗して迷惑をかけるかもしれない」と拒否されてしまう。年上ということもあり説得するのははばかられるし、説得に労力をかける時間ももったいないし、精神的にも苦痛を伴うので、仕方なく、リーダーのあなたがその仕事を引き受ける。こんな状況が続いて、いつの間にかリーダーの自分だけが居残って仕事をしている状態に。上司からは「いつも頑張っているね！」とよい評価をされるので、さらに頑張ろうとする。……これは、S1以前の状態です。

【ケースB】自分が自分が

上司から新規事業の企画を任された。チームメンバーと一緒に新しい企画をしている。メンバーも今回の企画の仕事を前向きに捉えてくれている。みんなでアイデアを持ち寄ることにし

た。他のメンバーに負けるものかと、気合いをいれてプレゼン資料を作った。各自のアイデアをお披露目するレビューの場で、まずはお手本を見せようと、リーダーが最初に自分の企画のプレゼンを行った。リーダーの目から見ても、他のメンバーのアイデアのほうがキラリと光るものがあると感じたが、リーダー以外の全員一致で、リーダーのアイデアが選ばれた。その後、企画を進めているが、メンバーから、口には出さないものの「リーダーの企画だから、リーダー1人で進めればいいでしょ」的な雰囲気を感じてつらい。……S2の状態です。

【ケースC】先回りして成長の芽を摘む

最近のIT技術の発展は目覚ましく、なかなか理解できない。デジタルネイティブな若手は、スマートに情報機器を使いこなして、どんどんと仕事をこなしていく。手帳ではなく、スマホでメモもスケジュール管理も済ませている。商品のランディングページも、キャッチコピーやページのラフスケッチを伝えれば、1日もあれば完成させてしまう。この手の仕事は若手に任せて、若手が集中しやすいように、若手が雑務と思うような仕事はリーダーが一手に引き受けている。細かい作業を行っているだけ。……S1の状態です。

【ケースD】細かく指示を出しすぎ、インセンティブで気を引きすぎ

事業の調子がよく、新たなチームを立ち上げ、そこのリーダーになった。メンバーは、社内では集められなかったので、その大部分を新規に採用した。他のチームよりもいい成果を出したい。仕事に慣れないメンバーが大半なので、親身になって教えることを心がけている。また、やる気にさせるために3カ月ごとに成果を評価し、トップには金一封を渡している。……これは、S1の状態です。メンバーからは「ええ恰好しいリーダー」とも思われていそうです。

この通り、これらのケースでは、S1の「指示型」かS2の「コーチ型」でとどまっており、チームのこれからの成長は見込めません。

まずはS3の「援助型」のリーダーシップに移行したいところです。援助型のリーダーシップは、言い換えれば、サーバント型のリーダーシップ。サーバント（servant）は、「召使い」や「家来」といった意味です。サーバント型のリーダーシップでは、15ページの図のようにチームが持っている目標を達成するために、リーダーがチームに奉仕します。

それでは、最終的に目指すべきS4の「委任型」リーダーシップを具体的に行うには、どうすればよいでしょうか？　そのヒントになるのが「OKR（Objective and Key Result）」です。

ＯＫＲで解決しよう

メンバーに意思決定や問題解決を委ねる委任的なリーダーシップに不安を覚える方は、多いと思います。しかし、その一方で理想のチームというのは、このようなものだと考えている方も少なくないでしょう。

このようなチームにするには、２つのポイントを押さえることが肝要です。

１つは、チームで合意した目標を作ること。もう１つは、チームで目標達成のために、カイゼンしながら行動し続けることです。

これらは、当たり前のことではあるのですが、実践しようとすると何かと難しいもの。このような課題を解決するときに使える手法が「ＯＫＲ」なのです。

伝統的なリーダーシップとサーバント型のリーダーシップ

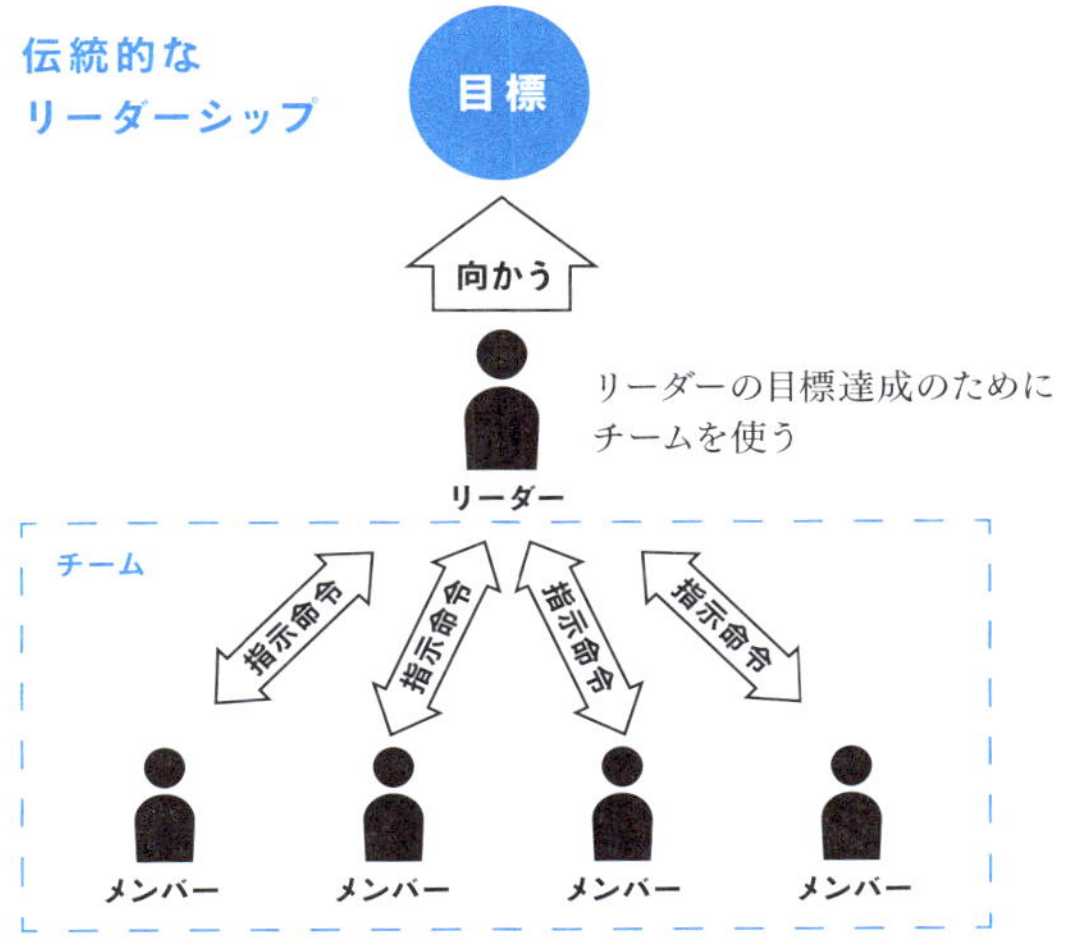

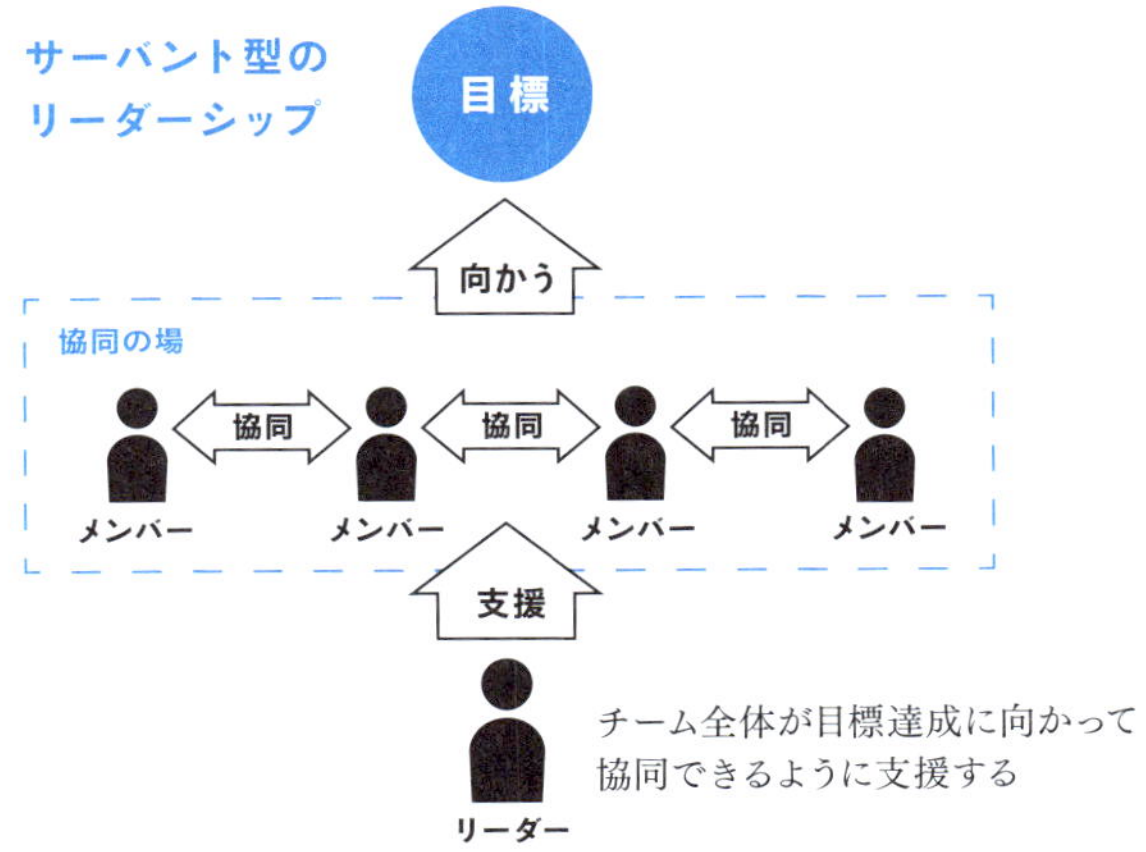

本書では「ＯＫＲ」を活用して、チームとしての成果を向上していくヒントをご紹介します。

Ｃｈａｐｔｅｒ1では、まず、ＯＫＲの基本をお伝えします。ＯＫＲが成果を生むからくりから、ＯＫＲのよくある勘違い、ＯＫＲのメリットまで挙げているので、ここでＯＫＲの全体像をつかんでください。

Ｃｈａｐｔｅｒ2では、具体的なＯＫＲの設定方法（＝ＯＫＲの始め方）をご紹介しています。理論がわかっただけでは意味がありません。この章を参考に、ぜひチームのＯＫＲを設定してみてください。

Ｃｈａｐｔｅｒ3では、チームでのＯＫＲ運用方法を、具体的なノウハウとともにご紹介しています。ＯＫＲを設定しても、正しく運用できなければ効果は見込めませんから、Ｃｈａｐｔｅｒ2とセットで実行してください。

最後のＣｈａｐｔｅｒ4では、一歩踏み込み、組織でＯＫＲを使う方法をお伝えしています。チームで使ったＯＫＲを、部署、会社へと広げていく方法です。

本書を片手にリーダーの役割を遂行し、チームの目標を達成していってください。

ＯＫＲ Ｊａｐａｎマスターファシリテータ　天野　勝

Chapter 1 OKRの基本

Chapter 2

OKRの始め方

Chapter 3

チームでOKRを使う

Chapter 4

組織でOKRを使う

ブックデザイン・図版 大場君人

DTP ニッタプリントサービス

Chapter 1

OKRの基本

01

なぜ目標が大事なのか？

目標がメンバーの成果を最大にする

チームというからには、チームとして求められる成果、すなわちチームとしてのミッションがあります。人が集まっただけではただの集団（グループ）です。

求められる成果を達成する責任を持つのがチームリーダーです。リーダーとしてチームを率いていく際に最低限必要なことは、プロローグでもお伝えした通り、以下の2つです。

・チームで合意した目標を作ること
・チームで目標達成のために、カイゼンしながら行動し続けること

しかし、リーダーが手取り足取り細かく指示・命令をしたところで、メンバーはリーダーが

思うように動いてくれるとは限りません。

本書をお読みのリーダーのみなさんも、上司から事細かく指示されたら、「そんなの言われなくたってわかってるよ」「自分に任せてくれればもっといい成果を出せるよ」などと思うのではないでしょうか？


メンバーそれぞれが違う方向を向いていたら、たとえ一人ひとりが一生懸命に頑張ったところで、その成果を合わせても、期待できるような成果は得られません。

そこで、**メンバーの成果を最大限にするために必要なのが、目標なのです。**


しかし、その目標が上から降ってきた目標では、メンバーはなかなかその気になりません。

目標に対して当事者意識を持つ最大の方法は、目標を決めるプロセスに参加することです。

たとえば、パック旅行であっても、1つだけでも自分でオプションを選ぶと、その旅行が、がぜん楽しくなるのはこのためです。

目標達成は計画通りにはいかない

しかし、短期間の旅行でさえ、最初に計画を立てた通りに進められないことがあるのです。現地に行ってみたら、想定と異なっていることもあるでしょう。

なおさら、仕事において計画段階で決めたことを、その通りに進めるだけで目標達成できるのはまれです。

特に、目標達成までの期間が長くなれば見通しも立たなくなります。活動しながら、自分たちの行動を確認し、適宜カイゼンしていかなければ、目標を達成するのは難しいでしょう。

そして、そのカイゼンした行動もメンバーの足並みを揃えていなければ、成果は薄れてしまいます。

02 ＯＫＲとは何か

ＯＫＲは「目的」と「主要成果」

ここでまず、ＯＫＲについて簡単にご説明しておきましょう。

ＯＫＲは、「Objective（目的）」と「Key Result（主要成果）」という2つの言葉の頭文字を並べた言葉で、組織やチーム、個人のありたい姿を達成するためのツールです。

Objectiveは、「こうありたい」という姿を表したものです。どの方向を向いて進めばよいかを示します。文章で表されることが多く、定性的な場合がほとんどです。

これまでのＯＫＲの紹介では、Objectiveを「目標」と訳すことが多いようですが、私としては「目的」のほうが本来のニュアンスに近いように感じるため、本書では「目的」と訳して進めていきます。

Key Resultは、Objectiveがどのように達成しつつあるかを端的に測るための指標です。

たとえばチームの運営にOKRを採用するならば、そのチームとしてのあるべき姿を明文化し（Objective）、そのあるべき姿にどのように近づいているかという達成状況を測定するための主要成果を3つ〜5つ程度決めます（Key Result）。

測定するのですから、Key Result は定量的なものである必要があります。主要成果の変化の具合を見ながら、チームが目的に向かって進んでいるかを確認していきます。

OKRとは何かを考える際には、2つの側面で考えると理解しやすくなります。

狭い定義としてのOKRは、「チームの活動の方向性を示すためのゴール」です。

広い定義としては、「OKRを用いたマネジメントの手法」です。

OKRの4つの原則

OKRには原則とも言える4つのキーワードがあります。「フォーカス」「アライメント」「トラッキング」「ストレッチ」です。

「フォーカス」は、**大切なことを選び、そこにリソースを集中すること**です。複数のことを同

フォーカスとアライメント

フォーカス

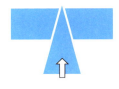

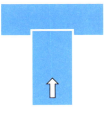

力を先端に集中できれば、
壁に穴をあけられる

力が分散すると、
同じ力で押しても前に進まない

アライメント

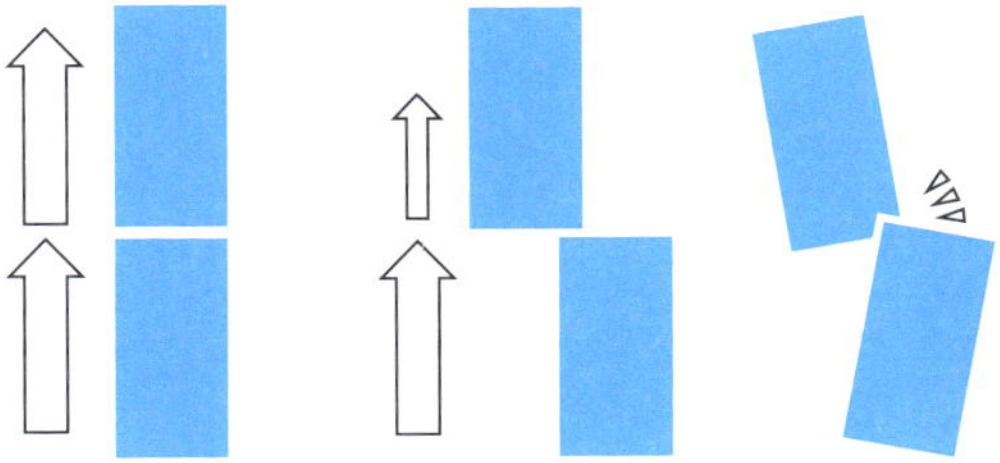

それぞれの要素が
整合していれば、
すべての力が次に伝わる

整合していないと、
力がうまく伝わらない

最悪の場合、
破損してしまう

時に行うと、力が分散してしまいどれもうまくいかない、というような事態に陥ります。これを防ぐには、最も大切なものにすべての力を投入するのが一番です。

「アライメント」は、**複数の要素間で整合を取ること**です。不整合が起きると、要素間にムダが発生してしまいます。それぞれの要素についての理解を深めることで、整合性を増します。

「トラッキング」は、**状況がどうなっているかを追跡すること**です。最初と最後の状態しかわからないと、どちらを向けばよいかすらわからず、障害にぶつかってしまいます。中間の状態がわかることで、障害を避けてゴールに近づくことができます。

「ストレッチ」は、**現状からさらに高みへと挑戦すること**です。現状維持のままでは、状況の変化に取り残されてしまいます。現状を打破するには、新しいことに取り組む必要があり、その際に発生する危険を回避するためのセーフティネットも必要となります。

本書ではこの後、ＯＫＲの具体的な設定方法、運用方法なども紹介していきますが、常にこの４つの考え方が原則としてあることを覚えておいてください。

トラッキングとストレッチ

トラッキング

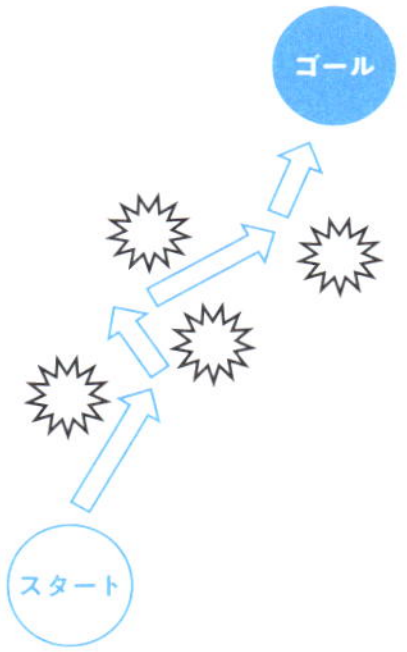

途中の状況がわかれば、
避けて方向転換しながら進める

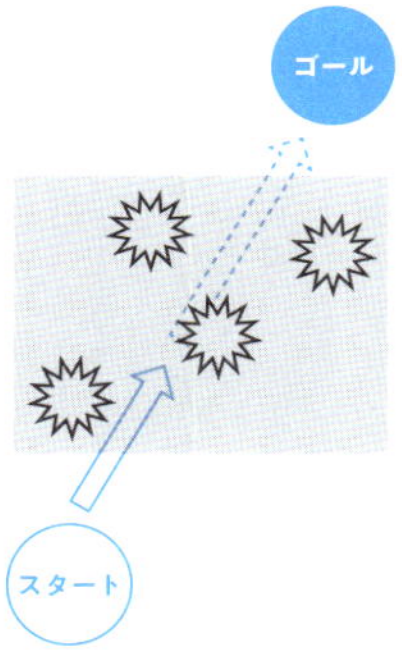

途中の状況がわからないと、
回避できずに、
そこで足止めされてしまう

ストレッチ

セーフティネットがあれば、
より高みへと挑戦できる

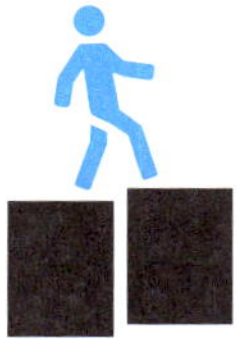

セーフティネットがなければ、
無理はできない

03

ＯＫＲが成果を生むからくり

ＯＫＲは攻めの目標管理手法

ＯＫＲは目標管理手法の1つです。

目標管理の方法ならば、ＭＢＯ、ＳＭＡＲＴ、ＫＰＩなど、これまでも多くの手法が実践され、一定の成果が上がっています。

それなのに、なぜ今、ＯＫＲがこうも注目されているのでしょうか？

それはいい成果が上がっているからです。ＯＫＲを使えば必ずしも成果が上がるとは言い切れないのですが、成果を上げている企業でＯＫＲを採用していることは事実で、その企業の知名度とも相まって注目されています。

最も有名な事例としては、Googleでしょう。国内ではメルカリも導入しています。

目標管理手法は「攻めの目標管理」と「守りの目標管理」に大別できます。
攻めの目標管理は、創造性を発揮して新しいものを生み出すことに使われます。
守りの目標管理は、現在あるものを失わないようにするために使われます。
これまでの目標管理手法は後者の「守りの目標管理」として使われることが多いようです。

OKRは、前者の「攻めの目標管理」と、とても相性がよいです。創造性を発揮して新しいものを生み出すような仕事に向いています。

何が成果かを主要成果として定め、成果の程度を測定する指標を決めます。そして、成果が出たか判断ができるように目標値を決めます。

さてこの目標値、みなさんはどのような値を設定するでしょうか？
これまでの目標管理手法の多くは「ストレッチ目標」で目標を設定することを推奨しています。ストレッチ目標とは、現状よりも成長を見込んだ、もしくは成長することを期待して設定した目標です。

OKRもストレッチ目標に近い考え方ではあるのですが、主要成果の目標値を決める際に、**「野心的（Ambitious）」な目標値を決めることが特徴です。**

どのくらい野心的かというと、感覚的にその達成確率が60～70％程度のものです。
このような主要成果を、1つの目的に対して3つ～5つ程度設定するのです。

達成できる確率が100％ではない、野心的な目標値を設定することによるメリットは、大きく以下の4つです。

①達成できれば大きな成果となる
②失敗が許される
③新たなアイデアが生まれやすくなる
④対立しにくくなる

達成できれば大きな成果となる

もともとが達成することが難しい目標値ですから、**達成できれば大きな成果となります。**
達成することが容易い目標値の場合は、「達成することが当たり前」なので、期待を超えて大きく貢献するような成果にはなりにくいです。

失敗が許される

もし、失敗が許されない環境であれば、多くの人は「絶対に達成できる目標値」を設定することでしょう。普段は実力を隠しておいて60％くらいのパフォーマンスで働き、目標値も80％くらいのパフォーマンスで達成できるような値をあえて設定するかもしれません。それではチームの成長は期待できないでしょう。

OKRでは、達成できなかったとしても、もともと困難なことをしようとしているのですから、特にペナルティにはしません。

チャレンジすることが許されているというのは、チャレンジが失敗したとしても叱責されたり、非難されることがないことでもあります。**失敗に伴う痛みがなければ、人はどんどんチャレンジできます。**

創造性を必要とする仕事のほとんどは、計画通りにいきません。多くの試行錯誤が必要です。だからこそ、試行錯誤を繰り返せる環境、すなわち失敗が許される環境が必要なのです。

新たなアイデアが生まれやすくなる

野心的な目標値を達成するには、何かしらの新しいことをやる必要があります。

身近な目標だけ見ていると、どうしてもこれまでの慣習などにとらわれてしまいます。目の前に発生する障害を、その都度取り除くようなイメージです。

しかし、目標が遠くにあると、そのような障害を発生しないようにするとか、その逆に障害を転じてプラスにするなどの「仕組み自体を変えるような新たなアイデア」が生まれやすくなります。

対立しにくくなる

野心的な目標値であれば、チームメンバーが協力し合いやすくなります。

同じチームに所属していたとしても、メンバーの意見は異なります。いわゆる、「総論賛成、各論反対」という状況です。各人の意見がぶつかってしまいます。

共通の目標が野心的であるほど、合意しやすい

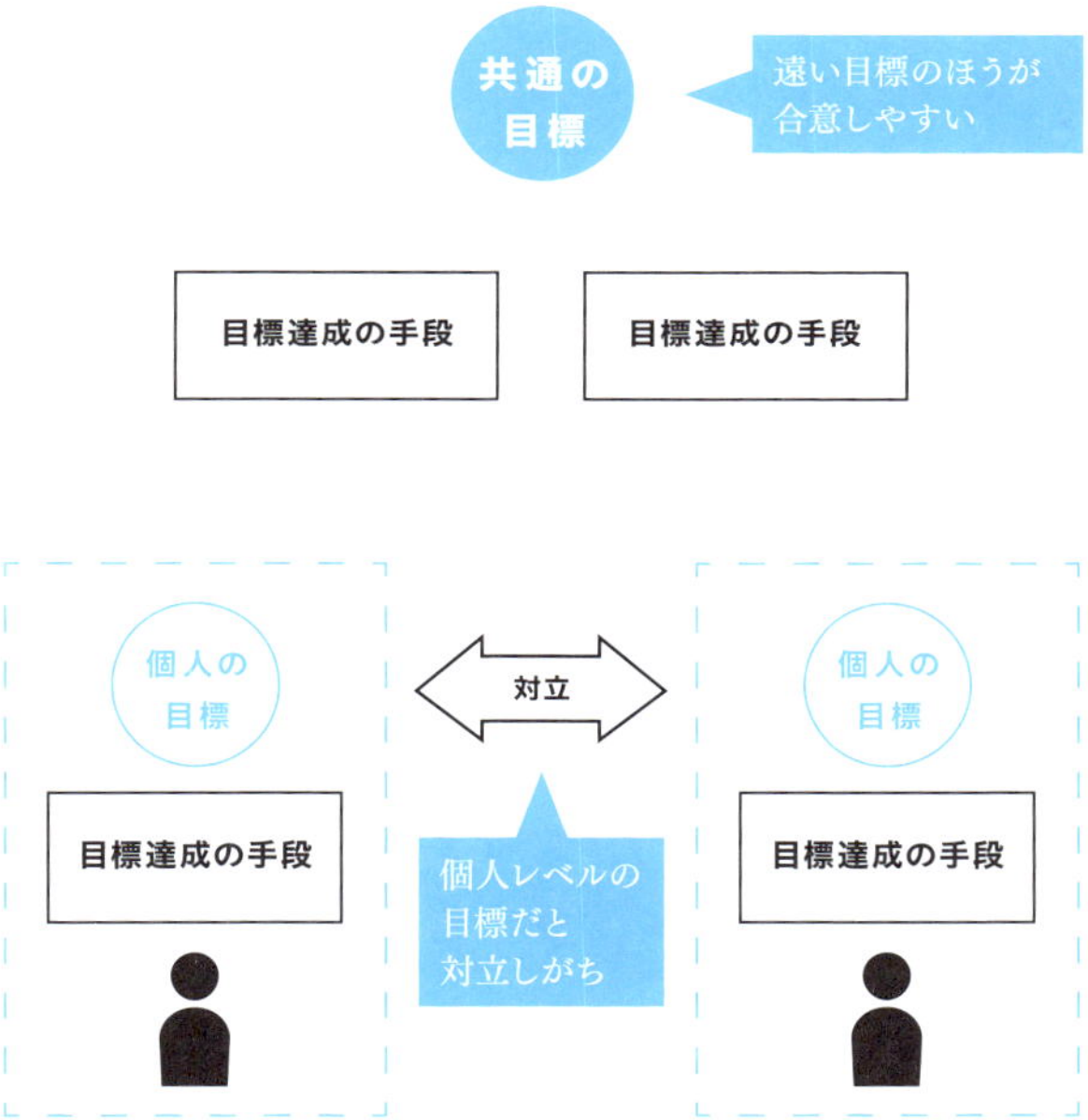

意見がぶつかること自体は、互いの考え方を知るうえでも重要な過程ですが、ぶつかりすぎて消耗してしまっては困ります。

しかし、同じ目標を持っていると、そのような対立を解消し、目標を達成するための手段のアイデアが生まれます。

このような仕組みを用いて対立を解消するための手法も考案されており、TOC（制約理論）では、対立解消図として紹介されています。知らず知らずのうちに、常識として刷り込まれていた制約に気づけることで、新たな発想も生まれやすくなります。

対立解消図の例として「野心的な目標を立てる／立てない」を考えてみましょう。

左ページの図では、行動（手段）レベルである「D：野心的な目標を立てる」と「D´：野心的な目標を立てない」が対立しています。しかし、両方の立場で共通となる上位の目的を考えていくと「A：高い成果を上げたい」というところでは一致するでしょう。

次に、DやD´が共通目的のAのどのような要望を満たしているかを明確にします。「B：チャレンジする」と「C：立てた目標を達成する」も、一見すると対立しているように感じますが、共通目的（「A：高い成果を上げたい」）から考えるとこれらが両立できることは、よいことだ

対立解消図の例

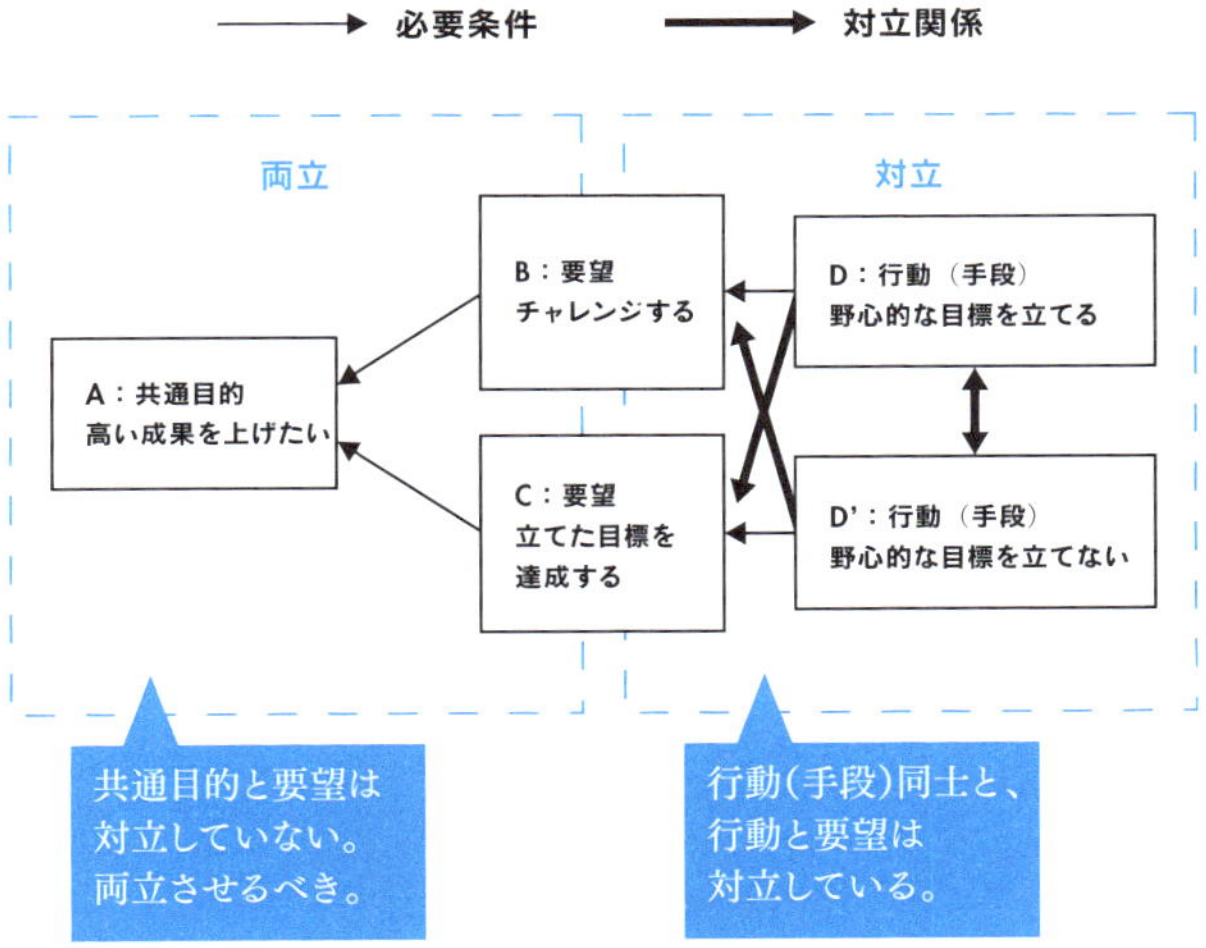
必要条件
対立関係
両立
対立
A：共通目的
高い成果を上げたい
B：要望
チャレンジする
C：要望
立てた目標を
達成する
D：行動（手段）
野心的な目標を立てる
D'：行動（手段）
野心的な目標を立てない
共通目的と要望は
対立していない。
両立させるべき。
行動(手段)同士と、
行動と要望は
対立している。

と思えるでしょう。

このように共通の目的（この場合は「A：高い成果を上げたい」）を持つことで、新たな着地点が見つかります。この共通目的は、より野心的であるほど合意しやすいのです。

現場改善の手法として紹介されることの多い「トヨタ生産方式」でも、2倍や10倍という高い目標値を設定する事例が紹介されています。

04 OKRの勘違い

ＯＫＲは感覚的に理解しやすいために、誤って解釈されることも多いようです。
ここでは、そのような勘違いを引き合いに、ＯＫＲへの理解を深めていきましょう。

スタートアップ（起業）だけが使うものである？

ＯＫＲの事例としてGoogleやFacebook、メルカリなどの比較的新しい企業での導入事例が紹介されることが多いため、スタートアップ（起業）にしか使えないものと勘違いしてしまい、「うちではできない」と諦めてしまう方がいます。

スタートアップのほうが導入しやすいのは事実です。事例も豊富なため、導入する際の検討もはかどることでしょう。

しかし、一般の企業においても、ＯＫＲは有用です。

伝統のある企業の場合、ＭＢＯやＫＰＩといった目標管理の仕組みがすでに導入されている場合も多いと思いますが、これらとOKRを組み合わせて使うことも可能です。

企業レベルで使うものである？

OKRの仕組みは単純なので、個人の目標管理に使ったり、チームや部門の目標管理に使うことができます。

ただし、企業レベルでOKRの仕組みを導入し、企業レベル、部門レベル、チームレベル、個人レベルのそれぞれが連携し、うまく回りだせば、そのぶん成果も大きくなるのは事実です。

個人の業績評価に使うものである？

目標を達成した場合の報酬として、給与や賞与に反映させるために、個人OKRを設定するというのも代表的な勘違いです。

OKRは、より高い目標を掲げて、その目標を達成していくための仕組みであって、業績評価とは切り離して考えるべきものです。

スタッフ部門が指標を決めるものである？

ＯＫＲがうまくいくのは、そこで働く人々の自主性を引き出すからです。

企業レベルでのＯＫＲの導入を経営企画室といったスタッフ部門が推進するのはかまいませんが、スタッフ部門が個別の部門やチームの指標を決めるのは、やめましょう。計画の押しつけとなり、自主性を損なってしまいかねません。

「指標の設定を個別の部門・チームに任せてしまっては、達成しやすい低めの目標を決めるのではないか」と不安になるかもしれませんが、思い出してください。ＯＫＲでは「野心的」な目標を立てるのが原則なので、そのような不安は不要です。

とは言え、全社規模でのＯＫＲ設定の目標のガイドがあったほうが、取り組みやすいのは事実です。しかし、それそのものが部門やチームの Key Result になるわけではありません。

リーダーが決めた指標を、メンバーが遵守するものである？

ＯＫＲを使うことで、リーダーの意のままに、メンバーを操れるようになるものではありません。

指標はリーダーもメンバーも納得のうえで決めるものです。

チームで指標を決め、その指標を活用して、チームの成果を向上させることに使います。

05 OKRのメリット

OKRについてのイメージは掴めてきましたでしょうか。ここまで説明してきたことを、メリットという形で整理しておきます。

大きな成果が得られる

成功できるかどうかの確率が半々の野心的な目標を立てるので、それが達成できれば大きな成果となります。達成できない場合でも、80%程度も達成できれば、十分な成果となることでしょう。

メンバーが当事者意識を持って仕事を行える

すでに存在している作業レベルの計画が降ってきてそれをやらなくてはならない状態だと、

多くの人は「やらされ感」を持つものです。

OKRでは、OKRを決めるところからメンバーが参加し、そのOKRを活用して仕事を進めていきます。自分たちで何をするか決め、それを自分たちが実行するのですから、当事者意識を持って仕事が行えるようになります。

いつも通りのことをやっているだけでは、野心的な目標を達成することはできません。さまざまな工夫が必要となります。このような工夫を繰り返し、その効果をチームで共有できると、自己効力感も向上します。

チャレンジしやすくなる

野心的な目標を立てること自体が、チャレンジと考えてもよいでしょう。つまり、OKRを導入するということは、チャレンジが認められているのです。

「チャレンジしろ」と号令だけかけて、失敗が許されないような環境では、誰も冒険したがらないものです。

活動の進捗が見える

測定可能なものがKey Resultになります。このKey Resultを測定し最新の状況にしていくことで、活動がどの程度進んでいるのかが客観的にわかります。

他の部署・チームとの協力がしやすくなる

他の部署やチームもOKRを使っていれば、どのような活動を行っているかが、外部からも理解しやすくなります。相手を理解できれば、利害がわかり、どのような協力を得ることができるのか、もしくは協力をすることができるのかがわかります。

OKRをうまく活用できれば、以上のようなメリットを得られます。あくまでも「うまく活用できれば」の話です。次章以降で、うまく活用するためのポイントとして、OKRの設定の仕方と、OKRを運用する方法を紹介していきます。

Chapter 2

OKRの始め方

01 ゴールを決めるプロセスを確認する

OKRを活用する際には、2つの大きなプロセスがあります。

1つは「ゴールを決めるプロセス」です。OKRでは、チームメンバー自らが「ワクワク」するようなゴールを作ります。

もう1つは、「ゴールに向かうプロセス」です。メンバーの力を合わせ、自ら決めた「ワクワク」するゴールに向かって、チーム一丸となって進んでいきます。

この章では、最初のプロセスである、ゴールとなるOKRを決めるプロセスをご紹介します。

ゴールを決める（＝OKRを設定する）には、「チームの境界を決める→チームのミッションを決める→マイルストーンを決める（3カ月単位のObjective）→モデルを作成する→目標を決める（Objectiveに対するKey Result）」というプロセスを踏みます。

OKRでは、1つのObjectiveに対して、3つ～5つ程度のKey Resultを決めることが推奨されています。このObjectiveとKey Resultを決める流れとも言えます。

ゴールを決めるプロセス

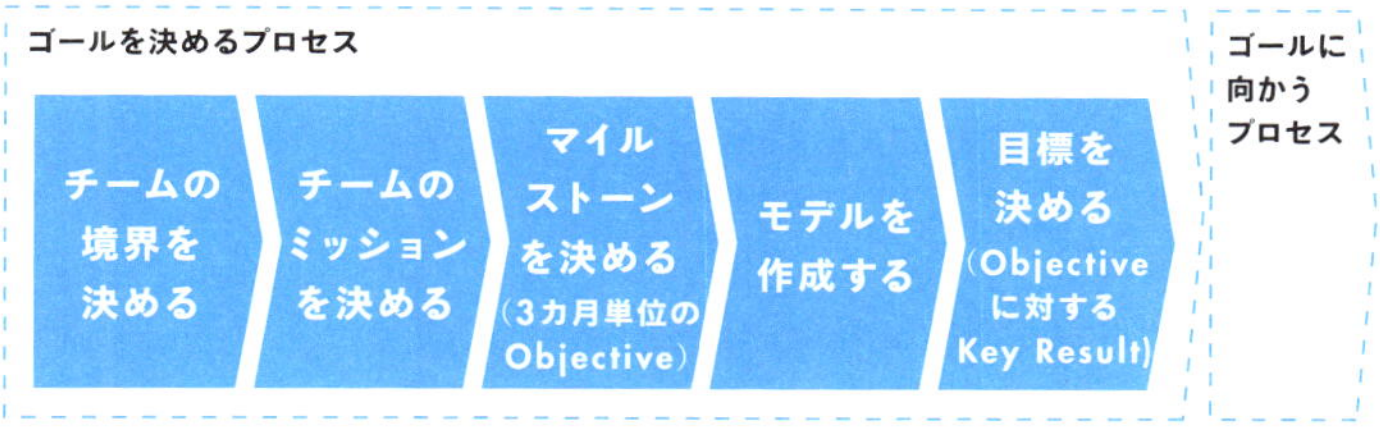
ゴールを決めるプロセス
チームの境界を決める
チームのミッションを決める
マイルストーンを決める(3カ月単位のObjective)
モデルを作成する
目標を決める(Objectiveに対するKey Result)
ゴールに向かうプロセス

02 チームの境界を決める

最初に対象とするチームを決めます。チームメンバーの全員が、そのチーム専任であれば、簡単にチームの境界を決められることでしょう。また、特別なミッションのために新たに作成されたチームであれば、境界を決めるのに悩むことはありません。

しかし、多くのチームでは、これまでのさまざまな歴史的な事情によって、現在のチームとなっているのです。メンバーの中には複数の業務を掛け持ちしている人もいるかもしれません。理想は組織上のチームにいる全員で1つのOKRを使ってゴールを設定することですが、業務があまりにも異なっていると、同じOKRは使えません。

最初の導入では、この後に決めるミッションを念頭に、対象となるメンバーを定めてください。うまく回せるようになってきたら、メンバーを増やして、チームを拡大していきます。

左ページの図は、6人のメンバーで4つの業務を担当している例です。線の太さは、業務への注力度を表しており、太いほうがより注力度が高いとご理解ください。

チームの境界を決める

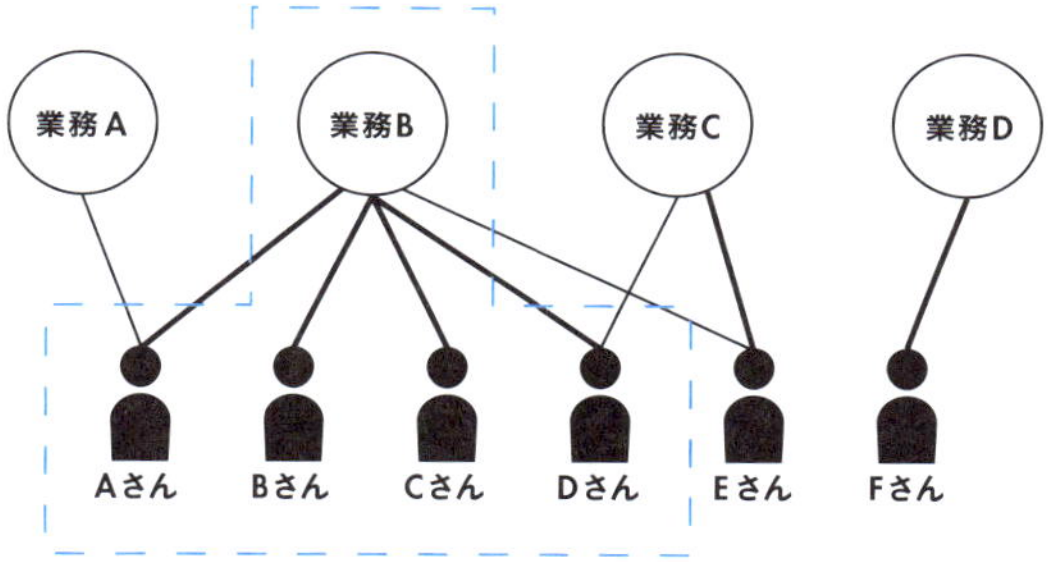

中心的な業務を選択し、そこに強く関与しているメンバーでOKRを始める

業務Ｂに携わっている人が最も多いので、この業務を中心としてＯＫＲを導入することとし、次のステップでミッションを考えていくことにします。

Ｂさん、Ｃさんは他の業務を兼務していないので、確実にこのチームのメンバーとします。

Ａさん、Ｄさんは他の業務と兼務していますが、業務Ｂへの注力度が高いのでメンバーとして問題ありません。

Ｅさんは、業務Ｂにも関わっていますが、他の業務のほうへの注力度が高いので、まずはメンバーから外して考えます。

Ｆさんに関しては、業務Ｂとの関わりがないので、当面はメンバーとして考えないようにします。

これで、ＯＫＲの適用対象となるチームの境界が決まりました。

03 チームのミッションを決める

ミッションはチーム全員で決めていく

ＯＫＲを適用するチームを決めたら、そのチームのミッションを決めます。リーダーが「えいやっ」で決めて、それをチームメンバーに伝えるというようなトップダウン式もありますが、正直なところそのやり方はおすすめできません。

メンバーが思っているミッションはそれぞれ少しずつ認識が異なっていることが常です。これまで長く続いてきた職場のチームであれば、当初のミッションがぼやけてしまったり、個人の認識の違いが大きくなっていたりするかもしれません。

個々の認識が違う状態で、上から押しつけるのは避けるべきです。時間を取って、チームのミッションは何かをすり合わせていきます。

ただし、最初にミッションを持った人だけがいて、そのミッションのもとにメンバーが自主的に参加したというのならば、この限りではありません。最初からミッションが揃っているとみなしてもよいでしょう。

ミッションの決め方

ミッションを決めるときは、まず、**みなさんのチームがあることでどのようなメリットがチームの外に影響するのか**、もしくは**チームが機能しなくなることでどのようなデメリットがチームの外に影響するのか**を明文化しましょう。

たとえば、社内のセキュリティを守っているチームは、セキュリティ事故を起こさないことが求められます。事故が起きなければ素晴らしいチームとして評価されるべきですが、周囲からは目立たないため評価される機会が少なく、チームとしてのモチベーションが低くなることがあります。しかし、セキュリティを守っているチームが機能しなくなってしまえば、事故が増えるでしょうし、事故後の対応で社内の多くの業務が止まってしまえば、企業として大きな損害となります。

ミッションを言葉にするのが難しいと感じる場合は、このように、チームがチームの外側に対してどのような影響を与えるかということから考えてみてください。

チームのミッションの決め方の例をご紹介します。付箋紙を使って意見を集め、その内容をもとに文章化するという方法です。

①付箋紙に「我々の顧客」を書く

↓1人で何枚書いてもかまいません。顧客とは、チームの成果を嬉しいと思う人、喜ばせないといと思う人です。セキュリティチームなら、社内の全従業員や、取引先も含まれるでしょう。販売をしているチームなら、買いに来るお客様です。

②各人が書いた「我々の顧客」を貼り出す。貼る際に同じものがあれば、重ねて貼る

③「我々の顧客」を選択する

↓候補が2つならば単純な多数決で決めます。候補が3つ以上あるならば、1人2票や3票で候補を選択するという、複数投票権方式を採用します。1つに決めないほうがいい

場合（複数の顧客がいる場合）は、無理に選ぶ必要はありません。

④③で決めた顧客を対象として、付箋紙に「顧客が我々に望んでいること」を書く

↓実際の顧客に会うことができるならば、望んでいることを直接聞くのが一番です。会えない場合は、過去の経験などから想像で挙げます。

⑤②〜③と同じ手順で、「顧客が我々に望んでいること」を3つ以内に絞り込む

⑥「顧客が望む状態を実現すること」を対象に、付箋紙に「我々が提供すること」を書く

⑦②〜③と同じ手順で、「我々が提供すること」を3つ以内に絞り込む

⑧これまでに挙がったキーワードをつなげて文章にする

「我々セキュリティチームは、セキュリティリスクを徹底的に排除し、社内のＩＴ利用者にセキュリティを意識させずに、安心して効率的に業務を行えるようにする」

「我々セキュリティチームは、社内のＩＴ利用者のＩＴリテラシーを向上させることで、セキュリティ事故を未然に防ぐ」

「我々営業チームは、お客様の課題に対して、自社製品を組み合わせた解決策を最短時間で提供する」

04 マイルストーンを決める（3カ月単位のObjective）

ミッションのタイプを確認する

ミッションには大きく2つのタイプがあります。

1つは、**新たなモノ・コトを作り出す、クリエイティブに重きを置いているタイプ**。

もう1つは、**現状を維持したり、よりよい状態へ少しずつ改善したりすることに重きを置いているタイプ**です。

新規ビジネスの立ち上げや、新製品の開発は前者です。

社内のITセキュリティを守るといったものは後者です。

営業に関しては、提案型ならば前者ですが、ルート営業であれば後者になります。

このミッションのタイプによって、マイルストーンの考え方が変わります。

クリエイティブなミッションの場合、現状が0だとすると、新たに1を生み出したり、1のものを1年かけて100にするようなイメージです。

一方で、現状の維持や改善に重きを置いているミッションの場合は、現状が100だとするとそれを100のままずっと維持していくか、1年かけて100を120にするようなイメージです。数値的に見ると、パッとしません。しかし、何かしらの活動をしなければ、1年後には100が50になるなど、状況が悪化してしまいかねません。

ただ、1年という期間は、現在のビジネスサイクルでは長いので、3カ月や1カ月といった短い期間で区切ります。

3カ月で区切るならば、3カ月後にどうなっているかを、定性的な表現で表します。これがObjectiveになります。

「O（Objective）」はワクワクする内容にする

英語を勉強する方の中には、「TOEICで600点を取る」といった目標を立てたことのある人も多いでしょう。ただ、数値だけだとちょっと無機質に感じます。

それよりも「海外出張で現地の方と商談をまとめられるようになる」「海外旅行でショッピングの際に値切れるようになる」といった、なりたい自分を強くイメージして勉強に臨んだほうが、モチベーションが上がる気がしませんか？

OKRでもこれと同じように、**やる気を鼓舞するような内容をObjectiveとします。**

繰り返しになりますが、Objectiveを決めるときにもう1つ大事なポイントは、「野心的（Ambitious）」であることです。計画時点でその達成確率が60～70％であると思えるような内容を設定します。

このときに競合他社の情報を参考にするかもしれません。そのとき、「競合他社が○○だから、我々は□□にする」というような、競合他社を強く意識した目標は決めやすいですが、ワクワクしません。それよりは、まだ「この業界で1番になる」のほうがワクワクするのではないでしょうか。

05 モデルを作成する

OKRの「O」であるObjectiveが決まったら、次はこのObjectiveの達成に向かって進んでいることを示す目標値であるKey Result（「KR」）を決めます。

Key Resultは、Chapter1で述べた通り、数値で表せるものにします。

チームの成果を上げるためにどのような活動があり、それがどのように影響し合っているかが理解できていれば、Key Resultはすぐに決められるでしょう。

しかし、そうでない場合は分析的にモデルを作成するのをおすすめします。

特に、新しく何かを始めるときは、その領域の知識が乏しいでしょうから、チームメンバーで意見を出し合いながら、仮説を組み上げていきます。

Webシステムを用いて商品を販売しているチームが、販売数を増やすことを例にとって考えてみます。ここでは、左ページのような因果ループ図で表現します。黒く塗りつぶした矢印

因果ループ図の例

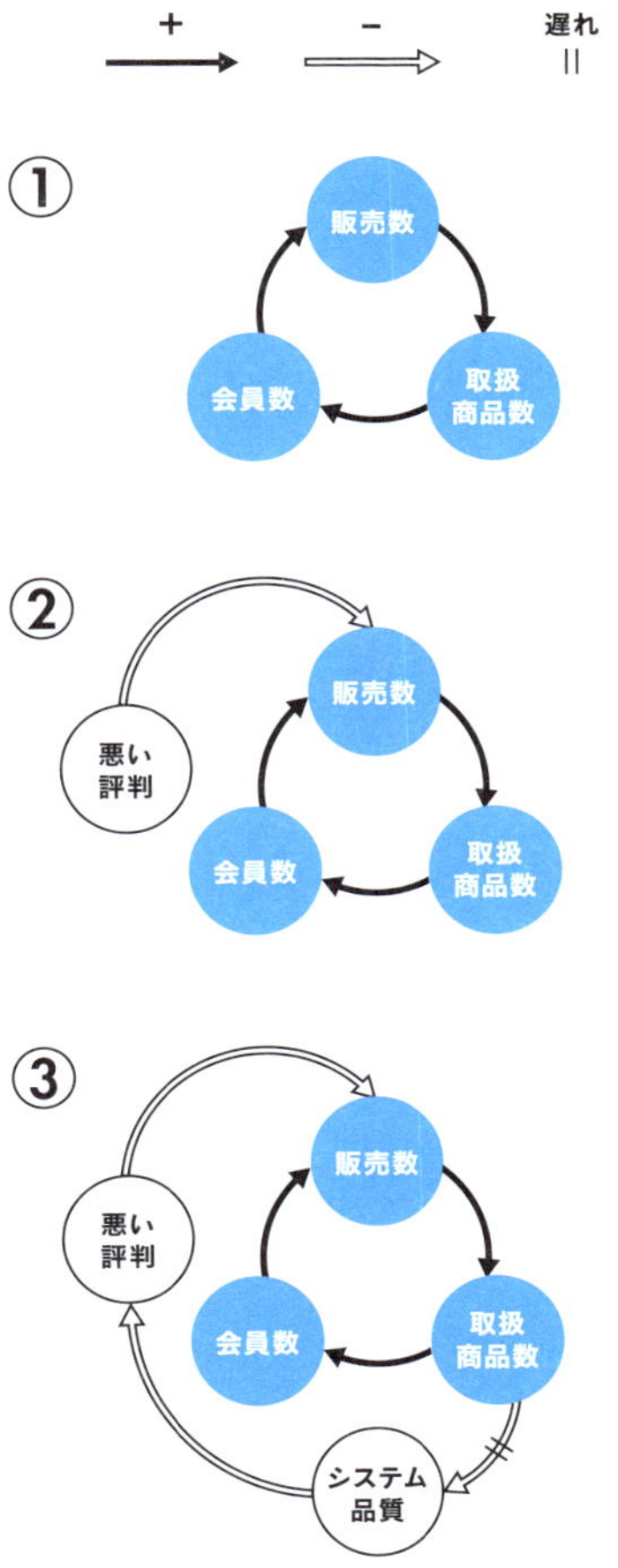
+
−
遅れ
||
①
販売数
取扱
商品数
会員数
②
悪い
評判
販売数
取扱
商品数
会員数
③
悪い
評判
販売数
取扱
商品数
会員数
システム
品質

は、矢元の値が増えると、矢先の値が増えるということを表します。

白抜きの矢印は、矢元の値が増えると、矢先の値が減ることを表します。

2本線は遅れを表します。遅れとは、矢元の変化が起きてから、矢先に変化が出るのに時間がかかるという意味です。

①の因果ループ図では……
・販売数を増やすには、Webシステムを利用する会員数を増やす必要があります。
・会員数を増やすには取扱商品数を増やす必要があります。買いたいものがなければ、会員にはなろうとはしないという考えが根底にあります。
・取扱商品数を増やすには、販売数を増やす必要があります。

②の因果ループ図では……
・悪い評判が増えると、販売数は減るはずです。

③の因果ループ図では……

・取扱商品数が増えるとシステムの処理が遅くなっていき、システムの使い勝手が悪くなり、次第にシステム品質が落ちてしまいます。
・システム品質が落ちたことが認識されるようになると、悪い評判が増えてきます。

このようなモデルを、チームメンバーの知見を寄せ集めて作っていきます。

ここで注意が必要なのは、詳しい識者がいると細かな情報に目が行ってしまって、図が複雑になってしまうことです。

図が複雑になると理解しにくくなるので、適宜抽象的な表現を使ってまとめていって、シンプルになるように描きます。

ここで描いたモデルはあくまでも仮説ですので、このモデルに縛られすぎないようにしてください。ちなみに、このようなモデルを描く際には「ベゾスのペーパーナプキン」などが参考になるでしょう。

06 目標を決める（Objectiveに対するKey Result）

どの指標に注目するかを決める

モデルが描けたならば、どの数値に注目するかを決めます。モデルから3つほど指標として選択するとよいでしょう。

前述のWebシステムによる販売のモデルであれば、要素が5つ（販売数、会員数、取扱商品数、悪い評判、システム品質）しか挙がっていませんから、すべてを指標としたくなりますが、指標が多いと集中できません。また、それぞれの指標の状況を評価する際に、時間がかかってしまいます。多くても3つ選べば十分です。「販売数」と「会員数」は最低限選びます。

今後のことを考えると「システム品質」も選びたくなりますが、Objectiveをどのようにしているかで判断します。

会員数がこの3カ月〜6カ月で、1万倍になるようであれば、システム品質を指標として数値を追いかけていく必要があります。しかし、すでに安定しているようであれば、そこにリソースを費やすべきではありません。

具体的な数値目標を決め、「KR（Key Result）」とする

指標を決めたら、現時点の状況とマイルストーンから、具体的な数値目標を決めます。これがKey Resultです。

Key Resultが3つほど決まったら、優先順位をつけます。高中低といった優先度ではなく、優先順位です。すべてのKey Resultを達成するべく行動をしていきますが、その際にどの順番で注力するべきかを判断する際の判断基準となります。

環境が複雑な場合は、モデルを描くのに時間がかかってしまいます。指標を決めるのに長期間かけてしまい、肝心の行動ができないというのはナンセンスです。時間がかかりそうな場合は、ひとまず直感でKey Resultを決めるという方法でも問題ありません。

07 Key ResultはSMARTで考える

Key Resultを決める際は、多くの目標設定手法で活用されている「SMART」と呼ばれる考え方が参考になるので、ご紹介します。S（具体的に）、M（測定可能な）、A（達成可能な→野心的な）、R（関連した）、T（期限がある）です。

S：Specific（具体的に）

チームの誰が読んでも認識の齟齬が生じないように、具体的な言葉で書き表します。

64ページの例で言えば、「販売数」や「会員数」などはわかりやすいですが、「システム品質」は曖昧です。「検索の時間」「会員からの問い合わせ数」といった数値にします。

M：Measurable（測定可能な）

マイルストーンまでの間、Key Result で達成の程度を確認します。
現在の状態がわかるように定量化するとともに、測定の方法も明確にしておきます。

A：Achievable（達成可能な）→Ambitious（野心的な）

一般的な目標管理手法であれば、理想を追い求めすぎず、「ちょっと」頑張れば達成できるようなレベルに設定することが推奨されます。

しかし、OKRでは期限までに達成できるかどうか、感覚値で60～70％となるようなレベルで目標を設定します。

Objective の達成確率が60～70％になるようにしていれば、自ずと Key Result の達成確率も同じになるのですが、具体的な数値を見ると、「100％達成しなければならない数値目標」という考えにとらわれてしまいがちです。気をつけてください。

R：Relevant（関連した）

Key Resultは、Objectiveを達成するのに必要な内容となっていなくてはなりません。

作成したモデルから指標を選んでいるならばこの「R（Relevant）」の項目は問題ありませんが、Key Resultを直感で決めた場合や、曖昧な指標を具体的な表現に直した場合は、ずれが生じることがないようにします。

T：Time-bound（期限がある）

目標を達成する期限です。

マイルストーンを3カ月で区切っているならば、3カ月後です。

08 OKRの設定例

OKRの設定例をいくつかご紹介します。

【病棟の看護師チームの例】

Objective　働きやすい職場にする

Key Result　A：患者からのクレーム0件

B：ネガティブ理由による退職者0人

C：残業時間を30％削減する

D：各人の残業時間のバラツキ20％以下

看護師不足が問題となっている病院での、病棟看護師のOKRの例です。現場の課題として、「独身の看護師に負荷がかかる」「新人が定着しない」などがあり、それらの課題からKey Resultを決めています。

【オーダー式食べ放題チェーン店の店舗の例】

Objective　お客さんが笑顔で帰っていくお店にする
Key Result　A：端末からの注文から配膳までの時間3分以内
B：セルフコーナーの食材、食器不足のクレーム0件
C：売上X円
D：利益率Y％

収益向上を大目的として、各チームに改善活動を始めた外食産業の、ある店舗でのOKRの例です。

収益向上を大目的とすると、Objectiveに「売上」や「利益率」などを挙げてしまいがちですが、それだと「ワクワク」しません。そこで、店舗のスローガンとして「お客さんが笑顔で帰っていくお店にする」をObjectiveにしました。

なお、このObjectiveも、当初は「最高のおもてなしをする」というものだったのですが、「おもてなしをする」というのはスタッフ側の自己満足に過ぎません。「おもてなしをした結果どう

なるか?」という観点から、「お客さんが笑顔で帰っていくお店にする」に着地しました。

Key Resultには、当初「おいしい食事を提供する」というものが挙がりましたが、これは飲食店として当たり前のことであり、また測定が難しいため、却下。「値段が高ければおいしいはず」という意見もありましたが、そうなると収益向上につながるとは判断できないというのも、却下の理由でした。

【システムインテグレータの人材採用チームの例】

Objective　Webマーケティング事業で一番になる

Key Result　A:データサイエンティストを採用する→3名

B:データサイエンティスト候補と面談する→20名

C:データサイエンティストの職務が定義されている

システムインテグレータで新たな事業分野を開拓することになり、ふさわしい人材を雇用するために、人事部と担当事業部の代表で人材採用チームを結成。そのチームのOKR例です。

当初は、Objectiveが「データサイエンティストを3名採用する」、Key Resultが「人材募集サイトに告知を掲載する→10サイト」「告知文を作成する」というものでした。これでは「Key Result がタスクになっている」という、好ましくない兆候が出てしまっています。

そこで、チームで「なぜ、データサイエンティストを3名採用する必要があるのか?」について ディスカッションをしてもらったところ、「Webマーケティング事業で一番になる」へとメンバーの意見が収束されていったため、それを新たな Objective としました。

このディスカッションの中では、「そもそもデータサイエンティストってどういう人なのか」という疑問も挙がりました。実は、誰しもぼんやりとしたイメージはあったのですが、言葉にしようとするとできなかったのです。そこで、それを決めるということを、最初の Key Result としました。

Chapter 3

チームでOKRを使う

01 ゴールに向かうプロセスを確認する

ここまでで、ゴール設定の手法としてのOKRは理解してもらえたでしょうか。

しかし、ゴールを決めただけで安心してはいけません。このままでは何も変化はありません。**ゴールを達成するには、まずは一歩踏み出し、ゴールに向けて進んでいく必要があります。**

狭義の「OKR」は単なる目標です。

目標を決めて、後は祈っていればゴールを達成できるということはありません。

進めるための設計をし、1日、1週間といった複数のPDCAを回しながら取り組んでいきます。

ゴールに向かうには、「運用を設計する→行動を決める→行動する→達成状況を評価する→行動を見直す→最終的な達成状況を評価する」というプロセスを踏みます。

ゴールに向かうプロセス

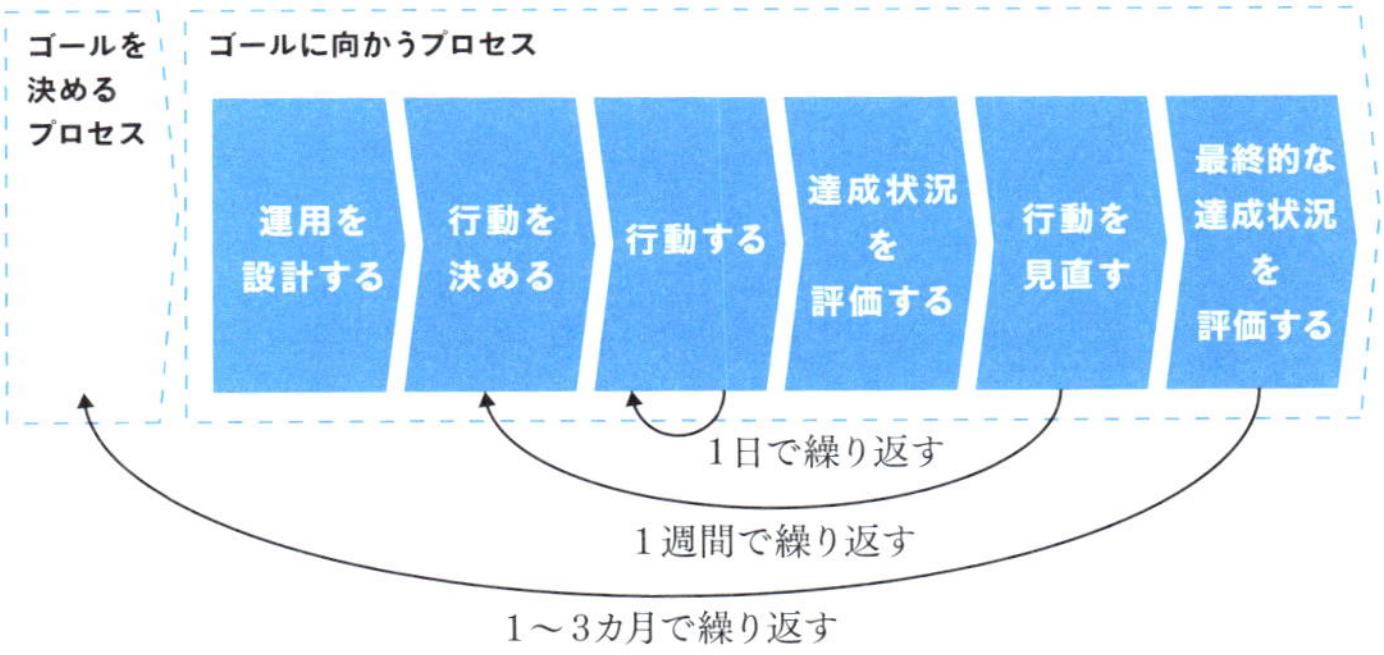

02

運用を設計する

まず必要なのが、行動の結果がKey Resultにいい影響を与えているか、そもそも行動が行えているのかを、いつ、どのように確認するかを決めることです。

行動すること、確認することは、個人レベルで習慣化されていれば問題ないのですが、そうでない場合はチームで集まって確認する時間を決めてしまうのがベストです。

週の仕事のサイクルと、日の仕事のサイクルを決めて確認することをおすすめします。これらのサイクルを時間割として表したのが、左ページの図です。

まずは75ページで示した「ゴールに向かうプロセス」の大枠を把握していただきたいので、OKRブリーフィングとOKRデイリーチェックイン、個人面談の具体的な進め方は、後述とします（99ページから）。

ここではざっくりとどんなイベントなのかということと、スケジュールをおさえておいてください。

OKR運用の時間割の例

	月曜日	火曜日	水曜日	木曜日	金曜日
朝	OKR デイリーチェックイン		OKR デイリーチェックイン	OKR デイリーチェックイン	OKR デイリーチェックイン
午前		OKR ブリーフィング			
午後①		個人面談			
午後②				個人面談	
退社時					

OKRブリーフィングは、チームのメンバーが一堂に会して、Key Result の達成状況をふりかえり、これからの1週間の行動を考えるイベントです。 1週間に1回の頻度で行います。時間は1時間です。

時間割では、火曜日に開催するようになっていることが不思議に思われるのではないでしょうか。1週間の計画を考えるならば、月曜日に開催するのがよさそうに思えます。

しかし、日本の一般的な企業であれば、月曜日に開催するのは望ましくありません。日本の暦は、祝日の関係で月曜日の休みが多くなるように作られているので、月曜日に設定すると、その週の実施をスキップするか、日程変更が必要になってしまいます。

どちらにせよリズムが崩れてしまい、1週間のPDCAサイクルを回しづらくなります。月曜日は他のイベントも含めて設定しないようにしましょう。

OKRデイリーチェックインは、個人でそれまでの1日をふりかえり、どのような行動をしたかを確認し、次の1日にどのように過ごすかを決めるイベントです。 1日に1回、最大でも15分以内で行います。

1日に1回なので、どの時間に行ってもいいのですが、おすすめは午前の早い時間です。次の1日をどのように過ごすかを考える際に、「今日1日」のほうが考えやすく、今日1日をどう過ごすかが決まると、気持ちよく仕事のスタートが切れます。

個人面談は、リーダーとメンバーが1対1で話をする時間です。各メンバーと1週間に1回、15分程度で行います。

2人の予定と会議室の予定が合えばよいので、OKRブリーフィングやOKRデイリーチェックインに比べると、日程調整がしやすいでしょう。気軽に時間枠を確保しておけば十分です。

しかし、「時間ができたら行おう」と考えていると、他の業務に押し出されてしまい、気がついたら1週間が終わってしまいそうで、慌てて調整しようとするも会議室が取れない……、などという事態に陥ってしまうかもしれません。あらかじめ、時間枠だけは確保しておきましょう。

03

行動を決める

行動＝タスクを設定する

Key Resultを達成するためにチームとしてこの1週間に何をすべきかを、チームメンバーで話をしながらタスクを洗い出していきます。これは、毎週火曜日のOKRブリーフィングで行います。

Key Resultとは直接関係はなくても、チームとして共有すべきタスクがあれば、そのタスクも挙げます。

このタスクを洗い出す作業は、慣れてくれば15分〜30分程度で終わりますが、初めて行う場合は思いのほか時間がかかります。最初のうちは少なくとも1時間、余裕を見て2時間は確保しておくとよいでしょう。

タスクのサイズは1日以内で完了できるものに

もしタスク設定に2時間以上かかりそうならば、1週間よりも遠い未来のタスクを細かすぎるサイズで挙げようとしているからかもしれません。

タスクのサイズは、1日以内に完了できる程度に細かくします。

細かすぎるのも問題ですが、大きすぎるのも問題です。3日かかるようなタスクだと、そのタスクがどこまで進んでいるのかがわかりにくくなってしまうからです。

たとえば、AとBの2つのタスクがあったとします。ある時点で確認したときにAが「30%完了している」、Bが「90%完了している」という状況だったとします。

これだけ見ると、90%完了しているBのほうが進んでいるように感じますが、次の確認のタイミングではAが「60%完了している」、Bが「95%完了している」となったらどうでしょう。Bのほうには不安を感じますね。

さらに次のタイミングでは、Aが「100%完了した」、Bが「96%完了した」という報告になるかもしれません。

タスクが終わらないこと、それ自体も問題ですが、それよりも問題なのが、予測がつかないことです。AもBもタスクのサイズが大きいために、その進み具合をパーセントなどで表示することになり、状況がわかりにくくなっているのです。

「数値で表す」ことは、物事を具体化するための手段の1つではありますが、数値化すればなんでも具体化できるというわけではありません。

このような問題を避けるために、タスクのサイズを1日以内で完了できる程度に小さくして、「終わっているのか」「終わっていないのか」の状態だけで管理するようにします。

タスクボードを活用する

タスクはチームで共有して管理するのをおすすめします。その際に効果のあるツールがタスクボードです。タスクボードは、ホワイトボードや付箋紙を使ったアナログツールか、パソコ

タスクボード

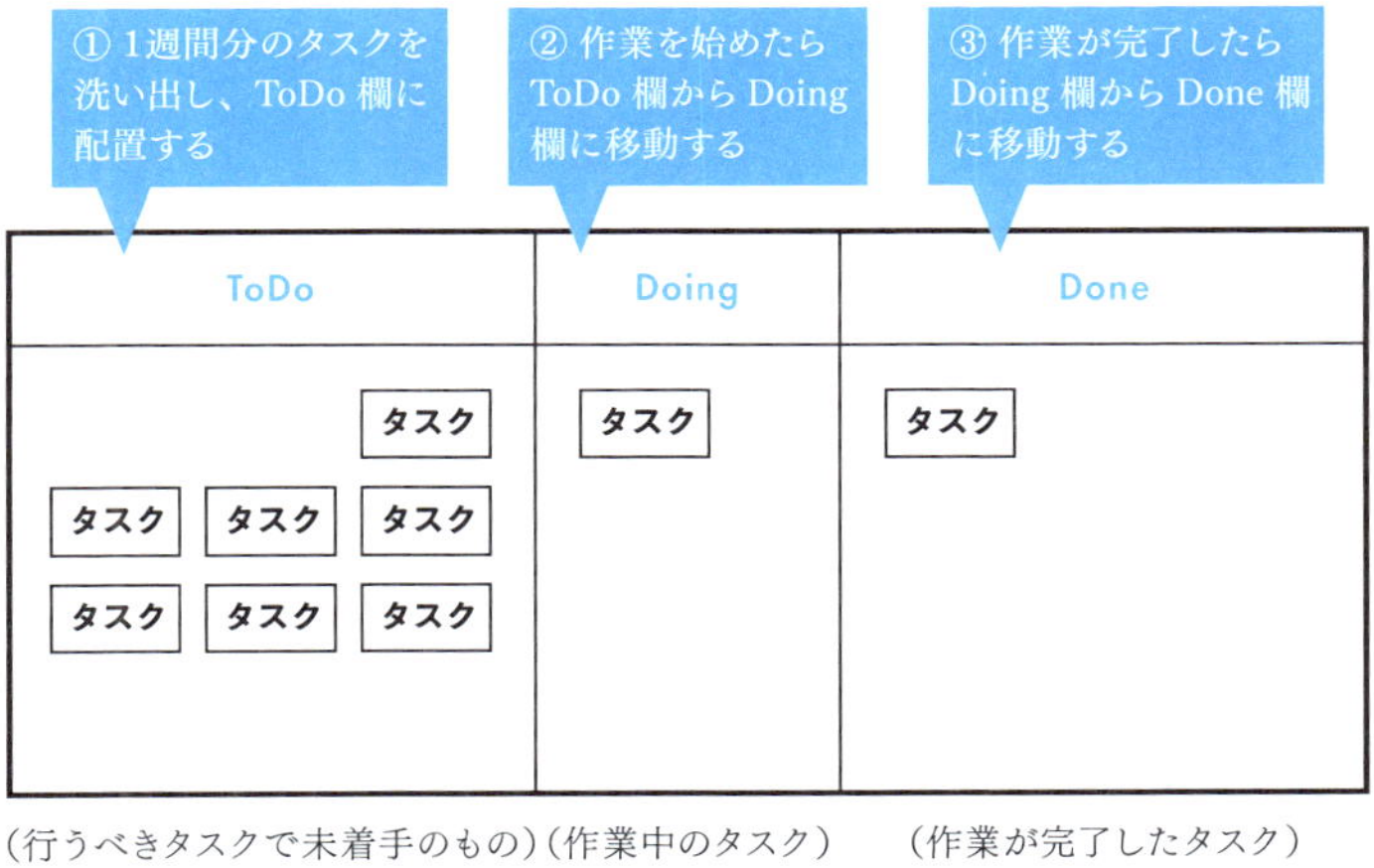
① 1週間分のタスクを洗い出し、ToDo 欄に配置する
② 作業を始めたら ToDo 欄から Doing 欄に移動する
③ 作業が完了したら Doing 欄から Done 欄に移動する
ToDo
Doing
Done
タスク
（行うべきタスクで未着手のもの）
（作業中のタスク）
（作業が完了したタスク）

ンやスマホのアプリによるデジタルツールがあります（使い分け方については後述します）。

1週間分のタスクを洗い出したら、ToDo欄に配置します。ToDo欄は、チームで行うべきタスクを置いておく場所です。見方を変えれば、未着手のタスクとも言えます。

作業を始める際に、ToDo欄から実施するタスクを選び、Doing欄に移動します。これで、そのタスクが作業中であることがわかります。

作業中のタスクが完了したらDoing欄から、Done欄に移動します。

そして次の作業を始める際には新たにToDo欄から未着手のタスクを選び、Doing欄に移動します。これを繰り返します。

チームメンバー全員でこのボードを使うことで、他の人がどのようなタスクをやっているのか、チームとしてどのようなタスクをやらなくてはならないのかを頻繁に意識せざるを得ない状況となります。どこかのタスクに問題があれば、素早く発見できます。

04 行動する

次は、いよいよ実際に行動していきます。洗い出したタスクを参考に動きましょう。

このプロセスでは、最低でも1日1回は、できるだけ高い頻度で行動の状況を更新します。タスクボードでタスクを管理しているならば、どのタスクがDoneになったのか、どのタスクがDoingなのかがわかるように、ステータスを更新します。

Doing欄にたくさんのタスクが同時に貼られていたら、要注意です。複数の仕事を同時に行っているということですので、マルチタスキングの問題に陥っていないか確認してください。

人によっては、複数の仕事を同時に行うことをかっこよいと思う方がいらっしゃるようですが、実はこれは効率が悪く、ミスも起こしやすくなります。また、行きすぎると、身体的、精神的な問題にまで発展するケースがあります。

タスクボードの準備が難しい場合は日報を書いて共有という方法でもよいでしょう。

行動の状況はリアルタイムに更新するのがいいのですが、つい更新するのを忘れがちです。OKRデイリーチェックインで、その日の早い時間にみんなで揃って状況を更新するという方法もあります。メンバーが集まっているので、相談したいことがあればすぐ行えるというメリットもあります。

05 達成状況を評価する

「O（Objective）」の達成状況を評価する

行動した後は、週1回のOKRブリーフィングの時間を使って、達成状況を評価します。まずは、Objectiveに向かっているかを確認します。Objectiveは定性的な内容なので、数値化して確認するのは難しいです。そこで、チームメンバーの感覚値で判断します。評価の方法として、筆者が「表明じゃんけん」と呼んでいる方法をご紹介します。

①各自がObjectiveの達成状況を0～5点で評価する
②司会の掛け声「せーのっ！」で、同時に評価を指で出す（1点なら指1本、3点なら指3本を出す）
③司会が集計し、平均点を算出する

定性的な内容を「確認」するというと、その内容をただ読み上げるだけになってしまいがちですが、このように単純でも点数化しようとすると、その目標について具体的に考えるようになります。

前に決めたものなので、時間が経つうちに内容の解釈がそれぞれで異なってくるかもしれません。解釈が変わってきたら、それについても話をしておきましょう。

たとえば、「我々セキュリティチームは、社内のＩＴ利用者のＩＴリテラシーを向上させることで、セキュリティ事故を未然に防ぐ」というObjectiveであれば、「あれっ？　そもそもＩＴリテラシーってなんだっけ？」という疑問が出てくるかもしれません。

情報量が少ない状況では十分に具体的だと思っていたことが、情報量が増えてくると具体化が不十分であることに気づかされることはよくあります。

ちなみに、「表明じゃんけん」と呼んでいるのは、周りの人の顔色をうかがって「周りの人はこのぐらいの値を出しそうだ」と、評価を合わせに行くのではなく、「自分はこう思う」という自身の考えを素直に表明してほしいからです。

表明じゃんけん

0点：グーから、5点：パーまでの6段階で評価する方法。
両手を使えば、0点から10点までの11段階で評価可能。

「Aさんは何点ですか？」「Bさんは何点ですか？」と1人ずつ順に評価を聞いていくと、最初に出した人の点数に引きずられてしまう傾向があります。

最初の人が5点、次の人が5点と高い点を出している状況で、次にあなたの評価を伝える際に、自分では2点と低く評価していても、つい迎合してしまい3点とか4点とか思っていたより少し高めにつけてしまいがちです。

他の人の評価を聞いていない状況で、「せーのっ！」で一斉に評価を出すことで、周りの意見に引きずられなくなります。

「KR（Key Result）」の達成状況を評価する

Objectiveの評価が終わったら、続けてKey Resultの評価をします。

78ページでお伝えしたように、OKRブリーフィングは、チームメンバー全員が集まるイベントです。多くの人が集まっているのにもかかわらず、Key Resultの値の収集に時間を費やしてしまうのは時間の無駄です。

Key Resultは数値で表せるものにしているはずですから、OKRブリーフィングの前に、Key

Key Result はグラフ化してチェックする

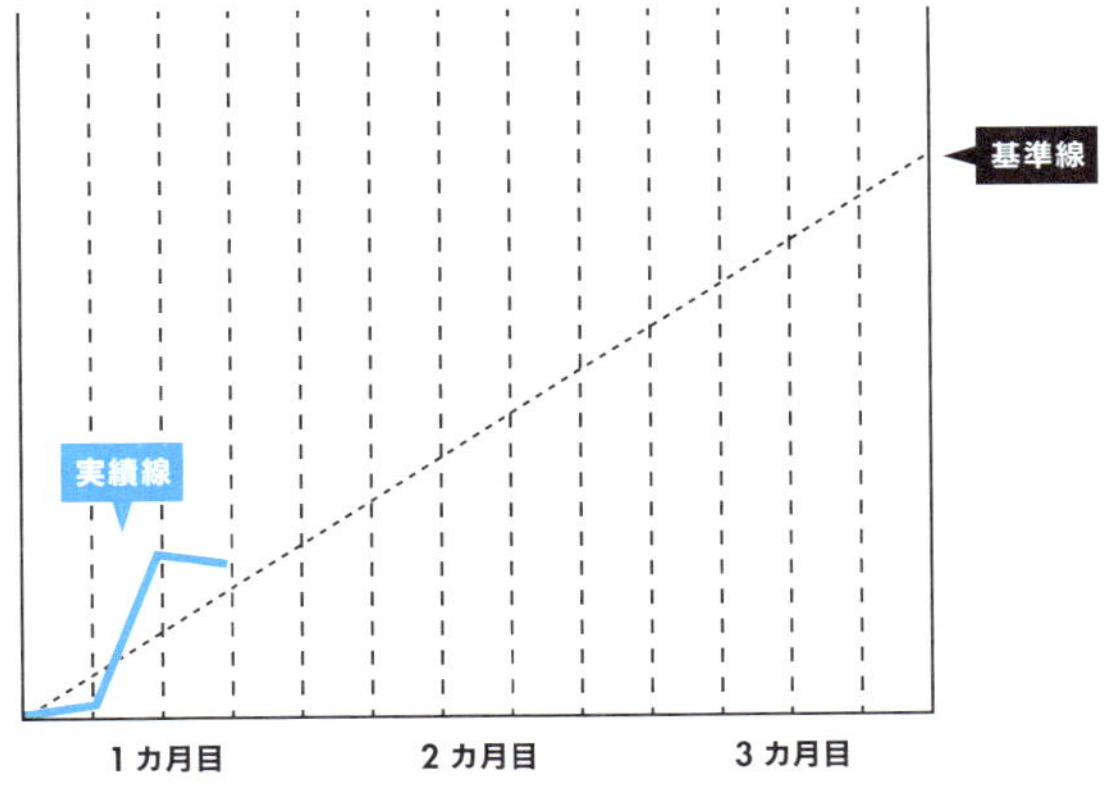

Resultの現在の値を誰かが代表して収集しておくか、いつでも誰でもすぐに現在の値を確認できるような仕組みにしておくべきです。

Key Resultの達成状況は直感的にわかりやすいようにグラフにします。Key Resultは数値化されているので、グラフとはとても相性がよいです。

91ページの図のように、設定したKey Resultを達成していくための基準線を引いておき、OKRブリーフィングのタイミングで、実績線を引いて、その差分を明確にします。

達成状況の評価方法についてまとめると、「O」は定性的なものなので「表明じゃんけん」などの方法で簡単に数値化してみましょう。

「KR」はもとから定量的なものなので、グラフ化して確認してみましょう。

06 行動を見直す

Key Result の達成に予定通りに向かっている場合でも、向かっていない場合でも、見直しが必要です。

予定通りに進んでいるのに、なぜ見直しが必要なのでしょうか？
Key Result は、最初の設定時点では、達成できるかどうかが60～70％程度に設定しています。よって、予定通りに進んでいるということは、Key Result の設定が甘かったのかもしれません。このような場合は、Key Result を再設定しましょう。

予定通りに進んでいない場合が、正常な状態です。Key Result 達成のために、行動を見直します。しかし、あまりにも Key Result 達成が困難であったり、Key Result を達成したところで Objective の実現に貢献できなかったりするようであれば、このまま行動を見直しながら続けるのではなく、現在のＯＫＲを捨てて、新たなＯＫＲを設定することも検討してください。

行動を見直すときは、行動指標と結果指標という考え方が参考になります。

行動指標とは、何かしらの行動によって直接制御可能な指標です。

結果指標とは、何かしらの行動の結果によって間接的に変化する指標で、直接制御できないものです。

社内勉強会の例で考えてみます。

「社内勉強会の参加者数」は、何かしらの行動によって直接変化させることはできないので、結果指標です。

では、何をしたら参加者数を増やすことができるでしょうか。社内勉強会の回数を増やせば、参加者数は増やせます。また、勉強会の回数が多かったとしても、1回あたりの参加者数が少ない場合、告知が不十分なのかもしれません。その場合は、告知のチャネルを増やせば参加者数の少なさは解消できるでしょう。「社内勉強会の実施回数」や「社内勉強会の告知メディアの種類」は、直接的に行動できるので、行動指標となります。

この行動指標と結果指標の間には「遅れ」があることに留意してください。

行動指標と結果指標

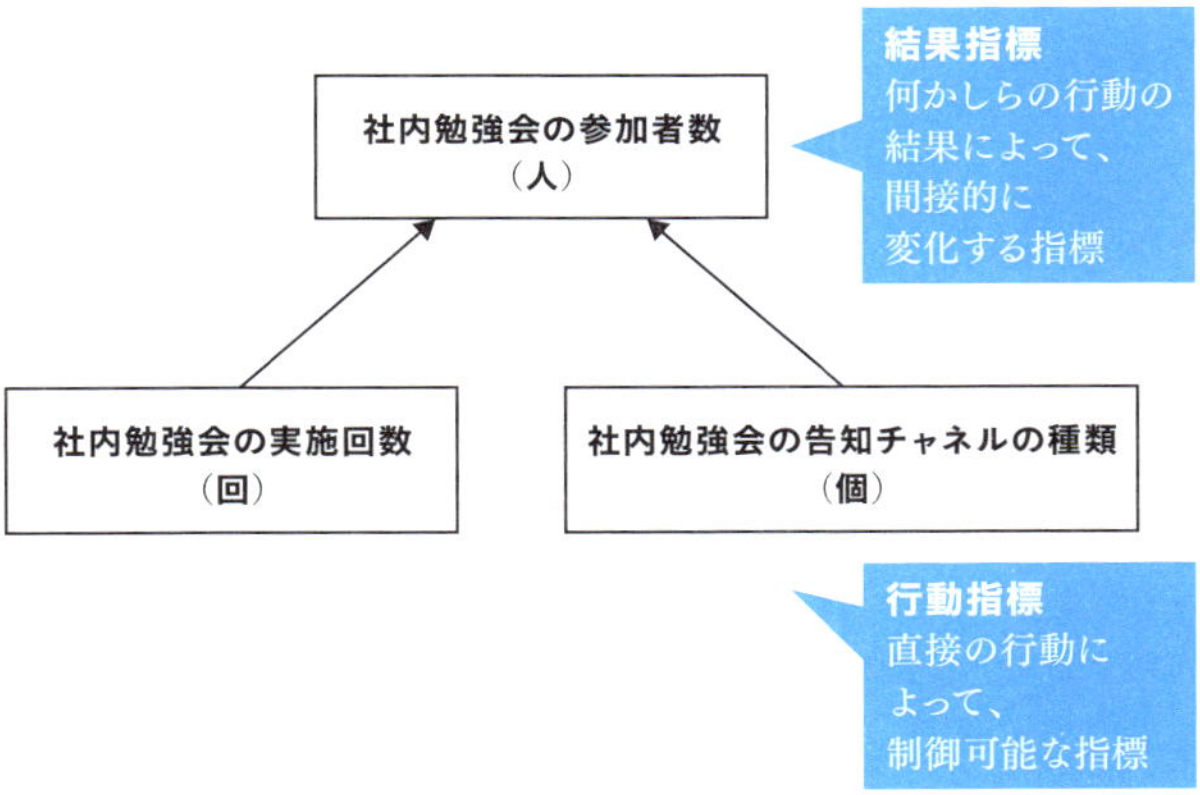
社内勉強会の参加者数
（人）
結果指標
何かしらの行動の
結果によって、
間接的に
変化する指標
社内勉強会の実施回数
（回）
社内勉強会の告知チャネルの種類
（個）
行動指標
直接の行動に
よって、
制御可能な指標

行動しても、すぐにその結果が数値として現れないことは少なくありません。結果指標によい変化が見られなかったからといって、どんどんと新しいことをやったり、1回だけ試してみてもうやらなかったり……、ということは避けてください。どのくらいの回数、どのくらいの期間試すのかも含めて行動を見直すことが大切です。

行動を見直す方法には、「KPTAふりかえり」を推奨します。

KPTAふりかえりとは、Keep、Problem、Try、Actionの4つの視点を持つ思考フレームワークを用いてふりかえる手法です。具体的な進め方については、後述します（100ページ）。

07 最終的な達成状況を評価する

マイルストーンの期限になったら、最終的な達成度を評価します。

それぞれの Key Result の達成度も重要ですが、もっと重要なのが **Objective が実現できているかどうか**です。

「Objective が実現できているか、いないか」という極端な評価である必要はありませんが、少なからず Objective に近づいている必要があります。

Objective に近づいているならば、チームで喜びを共有してください。

Objective が実現できているならば、チームで「盛大に」喜びを共有してください！

最も悪いのは、途中で Key Result の状況を確認せずに、最後になって「ああ、達成できていないね。でも、達成できないような高い目標を立てているんだから当たり前だよね」といった状況になることです。

しかし、自分もそうだったのですが、周りを見ても同じような状況に陥りがちです。ついつい、直近の作業に集中してしまい、気がついたら3カ月が過ぎてしまって慌ててしまうのです。慌ててしまうならばまだしも、まったく忘れてしまって、いつの間にかなかったことになってしまうことも少なくありません。

このような状況に陥らないようにするためにも、77ページの通り、毎週決まった時間に確認するように時間割を決め、スケジュールに登録してしまいましょう。

評価が終わったら、続けて新しい期間が始まります。

新たにゴールを決め直し、そのゴールに向けて動いていきます。

08 OKRブリーフィングの進め方

ここまでで「ゴールに向かうプロセス」の大枠は理解していただけたかと思います。ここからは、各プロセスで行う「ふりかえり」の方法を詳しくお伝えします。

OKRブリーフィングは「KPTA」でふりかえる

OKRブリーフィングは、1週間に1回集まって、「Key Result の達成状況を評価する」「行動を見直す」「行動を決める」の3つを行うイベント(会議体)です。

OKRブリーフィングのタイムテーブルは101ページの通りです。PDCAサイクルの、Check(評価)、Action(改善)、Plan(計画)について、チームで考えます。

時間は、OKRブリーフィングに慣れたチームの場合の目安です。始めたばかりでまだ慣れていない場合は、最低でも2倍の時間は見込んでおいたほうがよいでしょう。

本書では「行動を見直す」方法の例として「ＫＰＴＡふりかえり」を紹介します。ＫＰＴＡふりかえりとは、Keep、Problem、Try、Action の４つの視点を持つ思考フレームワークを用いてふりかえるファシリテーション手法です。

Keep は、「続けること」。うまくいっていて、次も続けることです。どんな些細なことでもよいので、続けたほうがいいと思うことを挙げます。

Problem は、「不満なこと」。不満に感じていること、工夫の余地がありそうなことです。発生している現象だけではなく、感じていることも挙げます。また、将来的に発生しそうな未来の問題（不安、リスク）も挙げます。

Try は、「試したいこと」。Keep と Problem に対する改善策です。ネガティブな事象であるProblem に対する改善策だけではなく、現在うまくいっていることである Keep に対してもさらなる改善策を挙げます。

Action は、「実施すること」。Try を受けて、具体的に行うことです。誰が、いつ、何を、どうやって行うのかを明確にします。

OKRブリーフィングのタイムテーブル

時間（分）	内容	補足
3	Objectiveの 達成状況を評価する	ゴールを決めた直後の 開催時は省略
5	Key Resultの 達成状況を評価する	ゴールを決めた直後の 開催時は省略
30	行動を見直す	ゴールを決めた直後の 開催時は省略
20	行動を決める	

※慣れているチームの場合

ＫＰＴＡふりかえりは、１０７ページのようなＫＰＴＡボードを使うのが基本です。筆者としては、慣れているせいもありこのレイアウトがとても使いやすく、しっくりとくるのですが、デジタルツールを活用しようとすると使いにくい場合がありますので、その場合は適宜工夫してください。特にKeepとProblemが上下に並んでいるのがデジタルツールと相性が悪いです。その場合は、Keep→Problem→Try→Actionと、横に並べるとよいでしょう。

「ＫＰＴＡふりかえり」のやり方

ＫＰＴＡボードのほか、付箋紙とペンを用意したら、ＫＰＴＡふりかえりを始めましょう。

ＫＰＴＡふりかえりを初めてやるときは、次の5ステップで進めます。

①Keepを挙げる
②Problemを挙げる
③Tryを挙げる
④Tryを選択する

⑤ Action を決める

Objective および、Key Result の達成に対して、いいと思われる行動を各自が付箋紙に書きます。

全員が書き終わったら、KPTAボードの Keep 欄に整理しながら貼ります。

ステップ1：Keep を挙げる

このとき、1人が1枚ずつ順に意見を出していく「ラウンドロビン」という進め方を試してみてください。

Aさん、Bさん、Cさん、Dさんの順で意見を出していくこととします。まず、Aさんが手持ちの Keep を1枚だけKPTAボードに貼りながら、読み上げます。Aさんが貼った Keep と同様の意見を、Aさん以外の人も持っていれば、Aさんが貼った Keep の近くに貼ります。

Aさんの次の順番のBさんが新たな Keep をKPTAボードに貼り、同様の Keep を持っている人は近くに貼ります。そして、Cさん、Dさん、またAさん……と、全員の Keep がなくなるまで続けます。

ラウンドロビン方式をおすすめする理由は、対等に意見が言いやすくなるからです。

もし、Aさんの Keep を全部貼り、次にBさんの Keep を全部貼り、次にCさん、次にDさんと進めていくと、後になればなるほど同意見が先に共有されてしまい、新規の意見がなくなってしまいます。

人は印象に左右されやすいため、同じ意見でありながら、順番が先か後かだけでチームへの貢献度が低く評価されてしまうことがあります。ラウンドロビン方式で1枚ずつ順に貼っていけば、このような状況を減らすことができます。

ステップ2：Problem を挙げる

Objective および Key Result の達成に対して好ましくないと思う事象や行動を各自が付箋紙に書きます。

Problem を書くときは「Try ありきの Problem」を書かないように留意してください。

たとえば、「ネットワークに関する社内勉強会を開催していない」というのは、「～していない」というように「行動の否定形」になっていて、「ネットワークに関する社内勉強会を開催する」という Try を含んでいます。勉強会を開催しないことで発生している事象である「ネットワークに関する問い合わせの対応で時間が取られる」などを書くほうが望ましいです。

書き終わったら、ＫＰＴＡボードの Problem 欄に整理しながら貼ります。

ステップ3：Try を挙げる

ＫＰＴＡボードに貼られている「Keep と Problem に対する改善策を考えて付箋紙に書きます。ここで挙げた改善策は必ず行うものではなく、実行できるかどうかもわからないような、妄想レベルのもので十分です。少しでも改善の効果がありそうなアイデアをできるだけ多く挙げます。

付箋紙は、どの Keep や Problem と対応しているかがわかるように貼って共有します。さまざまな視点でアイデアを出しているので、他の人が挙げたアイデアを見ると刺激されて新たなアイデアが浮かぶことがあります。その場合は、アイデアが浮かんだ時点で付箋紙にそのアイデアを書き、自分の番になったら貼って共有してください。

ステップ4：Tryを選択する

Tryを共有したら、効果がありそうなものを選びます。挙げたTryをすべて実行するわけではありません。挙がっているもののうち、効果がありそうなもので、あまり労力をかけなくてもよいものを数個選んでください。

ステップ5：Actionを決める

選択したTryを実行可能なActionへと具体化します。タスク的なActionであれば、タスクボードのToDoとしてください。チームのルールであれば、ルールを追加、修正してください。

2回目以降の「KPTAふりかえり」のやり方

2回目以降のKPTAふりかえりは、前回のKPTAの確認から始めてください。

Try、Actionを確認し、Keepすべきことがあれば付箋紙をKeepに移動します。不要なTry、Actionは取り除きます。

KPTAふりかえりのステップ(初回)

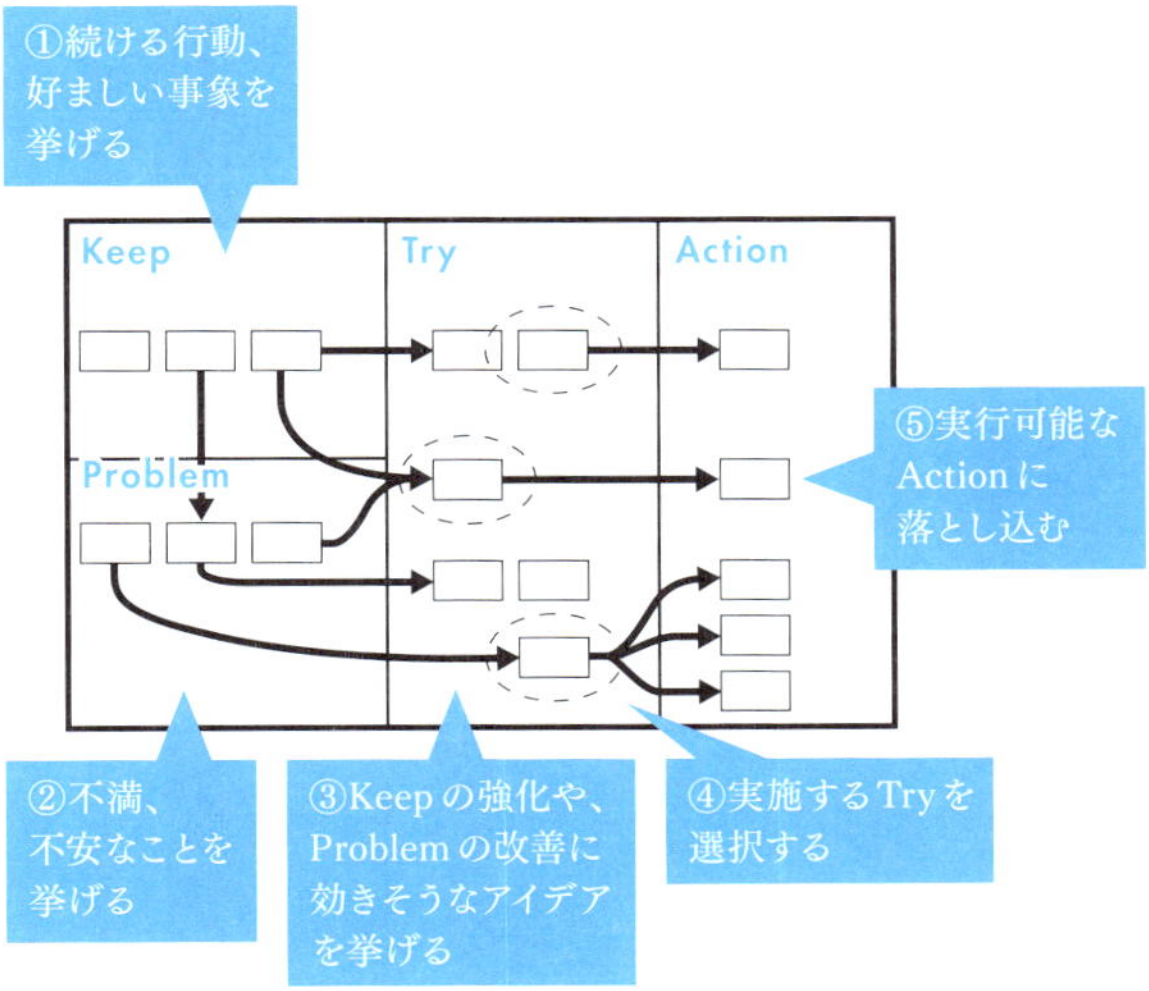

Problemを確認し、不要なProblemがあれば取り除きます。

Keepを確認し、不要なKeepがあれば取り除きます。

Keep欄には、TryとActionから付箋紙が移動してくるのでたくさん溜まります。そのため、見やすくするために整理するというのもありますが、**本当に重要なのはチームとして続けていく行動を明らかにすることです。**

チームの能力が向上したり、外部環境が変化したりすることによって、ある行動を行い続けることが、チームのパフォーマンス低下を引き起こしているかもしれません。そのようなものは、Keepから外しましょう。

その後は、初回のステップ1〜5の進め方と同じです。

Chap.1
ＯＫＲの基本
Chap.2
ＯＫＲの始め方
Chap.3
チームでＯＫＲを使う
Chap.4
組織でＯＫＲを使う

KPTAふりかえりのステップ（2回目以降）

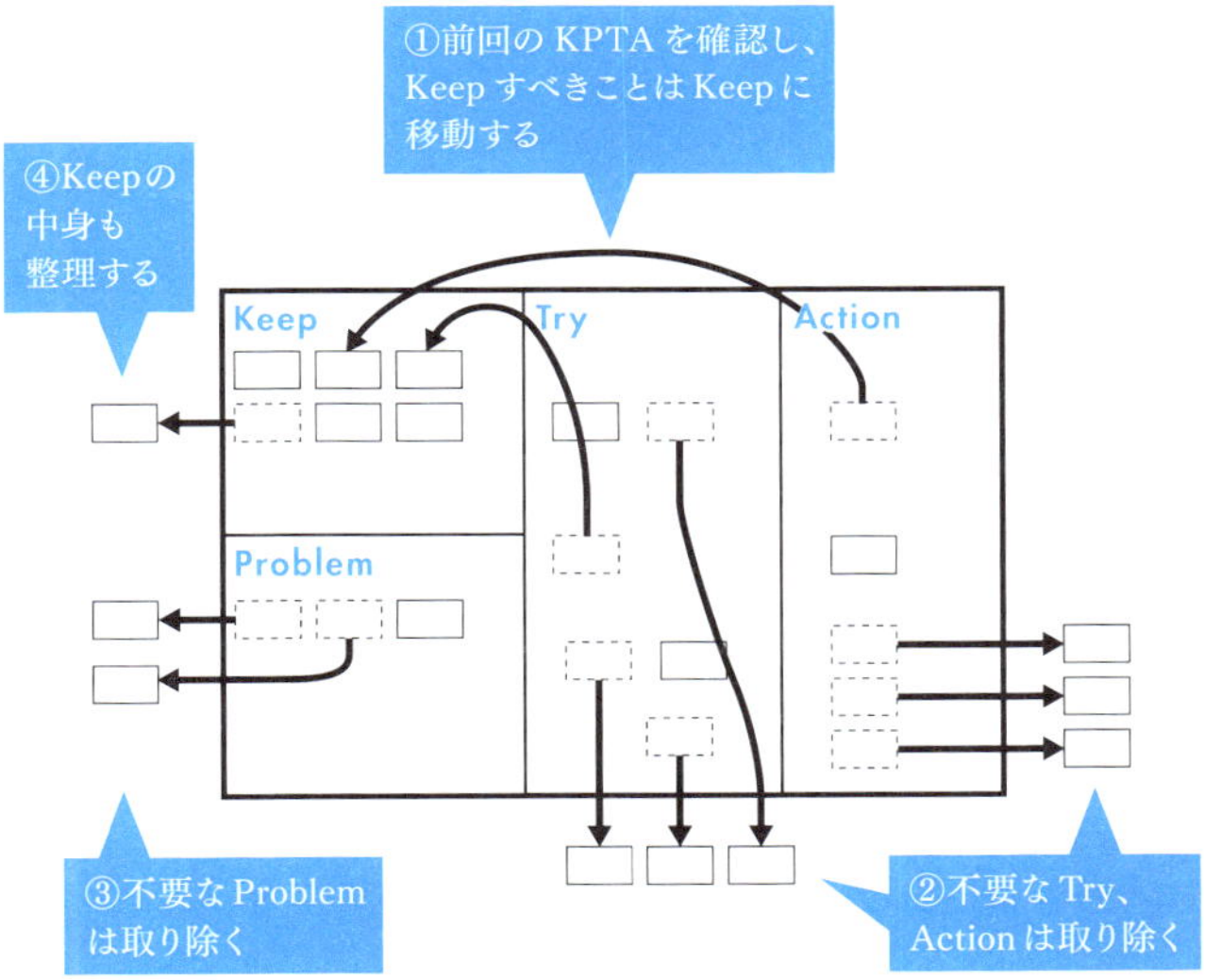

その後、初回と同じように進める

09 OKRデイリーチェックインの進め方

1日の作戦をたてよう

OKRデイリーチェックインは、1日に1回集まって短時間でその日の作戦を立てるイベントです。毎日行うので、短時間で終わるようにします。最大でも15分というのを目安にしてください。

用意するものは、チームのOKRとタスクボードです。

ステップ1：各人が報告する

タスクボードを使って、各人が以下の事項を報告します。

- 昨日したこと
- 今日やること

- Objective、Key Result の達成を妨げるような障害

ステップ2：障害の対応を検討する

OKRデイリーチェックインが15分以内で終わるのであれば、障害の解決策を検討します。15分を過ぎてしまうようであれば、しかるべきメンバーで解決策を検討するミーティングを設定し、イベントとしては終了します。

筆者の周りでは、このような解決策を検討するミーティングのことを「二次会」と呼んでいます。

10 個人面談の進め方

メンバーと対話しよう

個人面接はリーダーとメンバーの1対1で、メンバーの成長に関して話をする時間です。1on1（ワン・オン・ワン）と呼ばれるものと近しいもので、メンバー1人に対して1週間に15分程度、対面で話をします。話の内容によっては、適宜時間を延長してください。

心理的安全性が十分に確保できているチームであれば、個人の成長について互いに尊重しており、また個人の困りごとをチームで共有することは当たり前のように行えるので、個人面談の必要性は低いです。

一方で、さほど心理的安全性が確保できていないチームであれば、個人の困りごとをメンバーが1人で抱え込んでしまっているかもしれません。

このような場合は、メンバーがどのようなことを考えているのかを聞く時間を取ることは重要です。

ステップ1：メンバーの最近のよかったと思うことを聞く

まずポジティブな話をすることで、場の雰囲気をよくする効果が期待できます。「最近のよかった話を教えて」のように投げかけ、話を促します。

ステップ2：メンバーが自身の成長に関して気になっていることを聞く

「仕事の手ごたえを感じてる？」「気になっていることある？」といった質問を投げかけます。特に気になっていることがないようならば、そこで切り上げてしまってもよいですが、少し雑談をするのをおすすめします。

ステップ3：メンバーと一緒に次に行うアクションを考える

メンバーが課題感を抱えているならば、その課題を聞いていきます。メンバーが言葉に詰まることがあります。その場合は、話し出すまで待ちましょう。リーダーは、メンバーが考えていることを想定して代弁してしまいがちですが、ぐっとこらえてください。

ステップ4：メンバーが次に行うアクションを聞く

ステップ3でさまざまな課題とともにアクションのアイデアも挙がってきます。すべてのアクションを行うわけにもいきませんので、どのアクションをするのかをメンバーに決めてもらいます。そのアクションがまったくの見当違いでなければ、「よし、頑張ろう」と言って個人面談を終了します。

もし見当違いであれば、あなたがなぜ見当違いと思ったのかを、伝えて、再考を促します。

ここまで、リーダーであるあなたと、メンバーとの個人面談について説明をしました。リーダーも誰かと個人面談のような時間を取ることをおすすめします。上司に時間を取ってもらうのもよいですし、同僚と行ってもよいでしょう。

11 OKRマネジメントボードを活用してみる

ここまでOKRの運用の仕方を紹介してきました。

これらの運用をマネジメントしやすくするために、全体を一目で見渡せる1枚のアナログなボード（＝OKRマネジメントボード）を用意することを推奨します。

これまでに紹介してきた、OKR、タスクボード、KPTAボードをOKRマネジメントボードに配置します。さらに、チーム名や、チームルールも配置します。

チーム名を決めると、チーム感が増していくきっかけとなります。ぜひみんなで一緒に考えて決めてください。

いきなりチーム名を決めるのが難しいようならば、次のステップを参考にしてみてください。

①チームとして仕事を進めていくうえで、大切だと思うことを各自が付箋紙に3つ書く

（例）互いに尊重する、時間を守る

②各自が書いた付箋紙を読み上げながら共有する
③似たものを寄せてグルーピングする
④グルーピングされたものを参考に、各自がチーム名の案を2つ書く
⑤各自が書いた付箋紙を回収してシャッフルし、誰が書いたかわからなくする
⑥気に入ったチーム名に投票して決める

これらはチームとしての根本的なことなので、本来はObjectiveを決める前に決めておくのが望ましいです。

OKRマネジメントボードはなかなかの大きさになるので、広い壁に直接作るとよいでしょう。

壁の確保ができない場合は、養生用に用いられるプラスチック段ボール（略称「プラダン」）を用意して、それに貼るという方法も検討してください。

物理的な場所の制約で、設置するのは難しいでしょうが、チームメンバーの意識を集中させる効果が期待できます。

OKRマネジメントボード

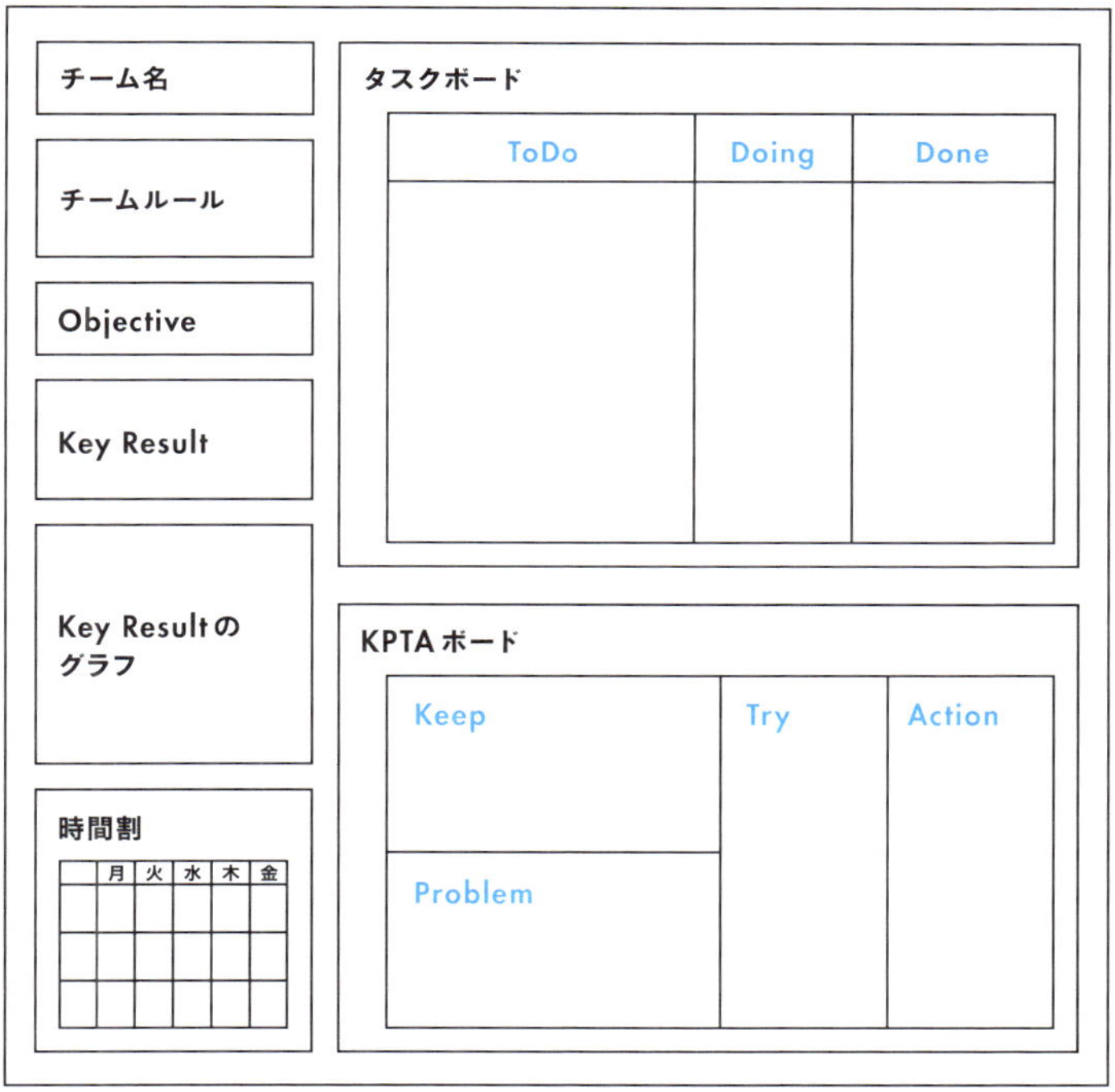

OKRの運用を支援するデジタルツール

ＯＫＲの運用で使われる、タスクボードやＫＰＴＡボードは、ホワイトボードや付箋紙、模造紙などのアナログツールを使うか、パソコンやスマホのアプリのようなデジタルツールを使うかで議論されることも多いのですが、まずはアナログツールから使い始めるのを強く推奨します。自由度が高く、さまざまな工夫がしやすいからです。

ＯＫＲの運用に慣れていないうちから専用のデジタルツールを使うと、ツールを使うことに対して労力が割かれてしまい、本質的なところに時間をかけられないということになりがちです。いわゆる「ツールに振り回される」という状況です。

ＯＫＲの運用に慣れてきて、自分たちがやりたいことをもっと効率化したくなってから、デジタルツールに切り替えるのがよいでしょう。

ＯＫＲ運用に使えるデジタルツールをいくつかご紹介します。ＯＫＲマネジメントボードと同等のことを実行できるデジタルツールはないのですが、複数のツールを組み合わせることで運用できます。

【Zealup】　https://business.zealup.jp/

ＯＫＲを運用するツールの代表格です。期間と組織の階層、ＯＫＲの階層を管理できます。チェックイン機能で、データを更新するとグラフを自動で描いてくれます。Key Resultやチェックインに対する「いいね」やコメントで他の人の活動を応援する機能も搭載されています。専用ツールだけあって、ＯＫＲの考え方に沿って運用しやすくなっています。

【Trello】　https://trello.com/

タスク管理ツールです。タスクボードとして使うことができます。カードのように扱えるので、ＫＰＴＡボードとしても使うことができます。その場合は、レイアウトの工夫が必要です。

【Realtime Board】　https://realtimeboard.com/

【lino】　https://ja.linoit.com/

デジタル付箋ツールです。付箋紙をデジタル化したものです。付箋紙代わりに使えるので、複数人でアイデアを出すブレーンストーミングやタスクボード、KPTAボードなど、多くの場面で使えます。

【Google スプレッドシート】
【Microsoft Excel】

表計算ツールです。自由度が高いので、手を加えれば加えただけさまざまに使えます。筆者は、Key Result の値を入力してグラフ化して表示したり、KPTAボードとして使ったりすることが多いです。

デジタルツールの使いどころ

	計画時のブレーンストーミング	指標のグラフ	タスクボード	KPTAボード	複数チーム管理
Zealup		◎			◎
Trello			◎	○	△
Realtime Board	◎		○	○	
lino	◎		○	○	
Google スプレッドシート	○	◎	○	○	
Microsoft Excel	○	◎	△	△	

Chapter 4

組織でOKRを使う

01 OKRの組織導入パターン

ここまでで、チームでどのようにOKRを活用するかを説明してきました。チームでうまくいくならば、もう少し広い範囲で使えると、より効果が高まります。企業全体で取り組むことができれば、それぞれのチームがどのようなゴールに向かって活動しているかがわかるようになります。そうすれば、他のチームを支援することができるようになり、企業としてより大きな成果を得ることもできるようになるでしょう。

当然、あなたのチームも助けてもらいやすくなり、より高い成果を出せるようになります。

あなたのチームでのOKR導入が功を奏し、企業レベルでOKRを導入することになったとします。

OKRを企業レベルで導入するには、一気に全組織に導入するようなアプローチよりは、局所的、段階的に導入するアプローチがおすすめです。立ち上げ、展開、定着の3ステップで考えるとイメージしやすいでしょう。

OKRの組織導入ステップ

ステップ1：立ち上げ

・OKR推進チームを作る
・OKR推進チームのOKRを設定する
・ガイドを作る
・有識者による講演会、有志による勉強会を開く
・最初の導入部門を決める
・研修をする
・導入を支援する
・事例発表会を開催する
・次の導入部門を決める

ステップ2：展開

・研修をする
・導入を支援する
・事例発表会を開催する
・次の導入部門を決める

ステップ3：定着

・OKRを制度化する
・OKR推進チームを解散する

【ステップ1：立ち上げ】

OKRを企業内で推進するための組織を作り、その組織の主導のもとで事例を作るステップです。

【ステップ2：展開】

OKRを活用するチームを増やすステップです。

【ステップ3：定着】

OKRを組織のルールの一部として、運用するステップです。

定着すれば推進チームは不要ですので、このステップまで行きついたら、推進チームは解散となります。

02 「ステップ1：立ち上げ」の進め方

OKR推進チームを作る

まず必要となるのがOKR推進チームです。

OKR推進チームのミッションは、あなたの会社にOKRを導入することです。

メンバーは、実績のあるあなたと、もう1人の2人が最小構成です。多くても4人までとしてください。2人の場合は、最低でもどちらか1人は推進チームの専任者となってください。推進チームは短期間で多くのことをする必要があるので、他の業務と兼務してしまうと進まなくなってしまいがちです。

また、メンバーが5人を超えるのもおすすめしません。メンバーが5人以上の場合は、多くの方が兼務となるでしょうから、メンバー間での合意を形成するだけで、思いのほか時間が割かれてしまいます。

チームや部門のOKRを設定するなど、会議の進行をする機会があるので、会議ファシリテーターとしてのスキルがある人をメンバーに加えるのがおすすめです。

チームを作ったら、役員会などで承認を得るなど、お墨付きをもらってください。多くの日本企業では、このお墨付きがあるかないかで、動きやすさがかなり変わってきます。

なお、活動に必要な予算の確保も忘れずにしてください。OKR推進チームメンバーの人件費は当然のこと、外部研修の参加費、有識者による講演会の謝礼など、教育に関する費用も必要です。有志による勉強会を開催するならば、大きな額ではありませんが、お茶菓子代も忘れてはなりません。OKR管理ツールの利用ライセンスや、ホワイトボードや付箋紙などの文具類も、予算として考えておきましょう。

OKR推進チームのOKRを設定する

社長や役員と相談しながら、OKR推進チームのOKRを設定してください。

理想は企業レベルのOKRを設定するべきですが、OKRを使いこなせるような土壌が整っていないようならば、まずはOKRを導入することで企業をどうしたいのかをはっきりとさせ、どのくらいの期間で導入するかを決めていきます。

社長や役員がＯＫＲを理解しているとも限らないので、ＯＫＲについて説明し、正しい理解をしてもらってください。

ガイドを作る

自社にあったガイドを作ってください。

他社でどうやっているかを参考にしながら、自社で「なぜＯＫＲをやるのか」「ＯＫＲの設定の仕方」「ＯＫＲの運用の仕方」「設定や運用で起きる失敗例とその対策」「参考書籍、参考サイト」などを決めます。Google では「Google re:Work」というサイトで、ＯＫＲのガイドやツールを公開していますので、見てみるのもよいでしょう。

作ったガイドは、全社に公開する前に、社内でレビューをしてもらいます。

後述する、講演会や勉強会に参加した人を対象に、レビューに協力してくれる人を募ってください。

レビューアは、リーダークラスに限定する必要はありません。マネジャークラスや、担当クラスなど、さまざまな階層の方に参加してもらうのが理想です。同報メールなどでは、なかなか手が挙がらないかもしれないので、そのような場合は個別に連絡を取ってお願いするとよいでしょう。

レビューアにガイドをレビューしてもらい、できる限り現場の生の声を取り込むようにします。しかし、より多くの意見を取り込もうとすると、ガイドの内容がぼやけてしまうことがあります。「最終決定はOKR推進チームで行う」というルールを設けておくと、不必要な混乱を避けることができます。

有識者による講演会、有志による勉強会を開く

OKRに詳しい方を講師に招き、講演会を行ってください。

この講演会を開催する狙いは大きく2つあります。

1つは、OKR推進チームが活動していることを全社的にアピールし、認知度を向上させることです。

もう1つは、社内に隠れている、OKRに興味を持っている人を見つけることです。

講演会の企画を作ったら、全社アナウンスをして、参加者を募ります。

この参加者リストが、ガイドのレビューアや、導入部門を検討する際の材料となります。

興味があってもさまざまな事情で参加できない方もいるでしょうから、選択肢には、「参加」「不参加（興味はある）」「不参加（興味なし）」の3つを用意しておくとよいでしょう。


講演会が難しい場合は、有志を募って勉強会を開催するというのもありです。

その場合の講師はあなたがふさわしいでしょう。

あなたはOKRで成果を出した事例をお持ちなので、OKRに興味がある人ならば、きっとあなたの話を聞きたいと思っているはずです。

最初の導入部門を決める

最初に導入する部門を決めます。

推進チームのメンバー数や習熟度を考えると、最初は5〜10チーム程度の規模の部門が、取り回しやすいのでおすすめです。

しかし、OKR流に「野心的」な目標とするならば、その倍のチーム数を設定してもよいでしょう。とは言え、同時に支援する導入の対象となるチーム数は、OKR推進チームが2人ならば6チームぐらいに収めておくほうがよいです。

部門長がOKRに対して前向きな部門から始めるのがおすすめですが、そうでない場合は、事前に部門長にOKRとは何か、OKRを導入することのメリット、デメリットを説明しておきます。

研修をする

その企業の文化によっては、役職を気にする方がいます。部門長とチームリーダー上がりのあなたとではつり合わないと思われるならば、見合うように昇格して役職を上げてもらうか、社長と同席で説明をしてください。もちろん、役職をあまり気にしない企業文化でも、社長と同席で説明すれば、その本気度が伝わることでしょう。

ガイドをもとに導入対象となる部門のリーダークラスを集めて研修をしてください。

研修の冒頭では、社長から「なぜOKRに取り組むのか」について、話をしてもらってください。

このとき、事前に社長と話をしながら、どのように話をすれば、社員が前向きに取り組んでくれるかを検討して、原稿を作ってください。推進チームで原稿を用意して読んでもらうだけにすると、社長が「読めと言われたから読みますが」という前置きをしてから読んでしまい、社員のやる気を削いでしまったという笑い話のようなことが起きます（聞いた話ですが、実話のようです）。

さらに、OKRの設定方法と、運用方法を理解してもらいます。これで、導入対象部門のチームリーダーにもOKRを始めるための基礎知識が身についたことになります。

どのような活動が必要かを理解してもらったところで、主要なイベントである、部門OKR設定ミーティングの実施日と、各チームで行う毎週のOKRブリーフィングの実施タイミングを決めます。

さらに、OKR推進チームが、各チームに対してどのような支援ができるかも紹介します。

導入を支援する

部門長と、チームのリーダーに集まってもらい、部門レベルの3カ月のOKRを設定します。この会議のファシリテートはOKR推進チームで行います。

その後、各チームは、部門レベルのOKRをもとに自チームのOKRを設定します。この会議のファシリテートは、最終的にはチームリーダーにやってもらいますが、最初のうちはチームリーダーも慣れていないでしょうから、OKR推進チームがファシリテートしたほうがよいでしょう。なお、各チームのOKRは部門内で共有します。

OKRブリーフィングはチームリーダーに行ってもらってください。そして、日程をやりくりして、OKR推進チームもOKRブリーフィングに参加し、気づいた点があればチーム全体にフィードバックします。OKR推進チームと、部門長、各チームリーダーで集まって、ふりかえりを行い、よりよい導入支援について話し合う機会を定期的に作ってください。

事例発表会を開催する

部門での導入を始めてから3カ月ほど経ったところで「事例発表会」を開催します。

この事例発表会には、次の3つの狙いがあります。

1つ目は、OKRを導入したチームに、自分たちの変化を自己認識してもらうことです。活動を整理し、OKRの導入前と導入後で、仕事の進め方や仕事の成果にどのような変化があったかを発表できるような形でまとめてもらいます。

このとき、事例発表をするのは、よい成果が出てきているチームを対象とします。導入を支援している中で、成果の出やすいチームと、そうではないチームが出てきます。成果が上がらないチームに発表してもらうのは、避けたほうが得策です。発表者が苦痛を感じますし、「OKRは難しい」「OKRは成果が出ない」といったイメージがついてしまうのは好ましくありません。

2つ目は、ナレッジを蓄えることです。発表資料がナレッジとなります。

３つ目は、ＯＫＲに興味を持っている人を探すことです。次の導入部門を検討する際の材料にします。

事例発表会は、左ページの表のようなタイムテーブルで進行します。

会社のトップが参加して話をすることで、会社として認知された活動であることをアピールできます。事例発表の時間は、１チームあたり10分以下とします。あまり長いと資料の準備に時間がかかってしまいますし、聞く側も飽きてしまいます。

ディスカッションは、１３９ページの図に示すように事例の発表者を中心にグループを作ります。そして、参加者が発表者に対して質問をしていきながら、参加者の聞きたいことを聞き出していきます。それぞれの事例発表の後に質疑の時間を作っても、なかなか質問が挙がらないことがありますが、小さいグループにすることで質問しやすくなります。時間が来たら、発表者はそのままに、参加者が次の発表者のグループに移動します。

ＯＫＲに対してそれほど興味がない人は、ディスカッション前の休憩の時間で抜けてしまう

事例発表会のタイムテーブル

時間	内容	担当
10分	OKRへの期待	社長、役員から
10分	OKRの導入状況	OKR推進チームから
10分	事例1	チームのリーダーかメンバーから
10分	事例2	〃
10分	事例3	〃
10分	休憩	―
15分	ディスカッション1	―
15分	ディスカッション2	―
15分	ディスカッション3	―
10分	OKRの成果の総評	部門長から
60分	懇親会（立食）	―

（合計：175分）

ことが多いです。これは、フィルターとして機能します。

簡単な食事と飲み物を用意し、その場で立食形式の懇親会を行うのもおすすめです。

また、この時間まで残っている人は、ＯＫＲに対して興味を持っている人なので、次の導入先の候補と考えてよいでしょう。

次の導入部門を決める

部門長が集まる会議にて、導入を希望する部門があるかを確認します。手を挙げてくれる部門があれば、その部門を次の導入部門とします。そのような部門がない場合は、これまでの講演会や勉強会、事例発表会の際に集めた参加者リストから、興味を持ってくれている人が多い部門や、上級職が参加してくれている部門を探し、その部門に導入してください。

ここまでを一通り行えば、ＯＫＲ推進チームとしての進め方が理解できるはずです。これで、立ち上げステップは終了です。

ディスカッションの進め方

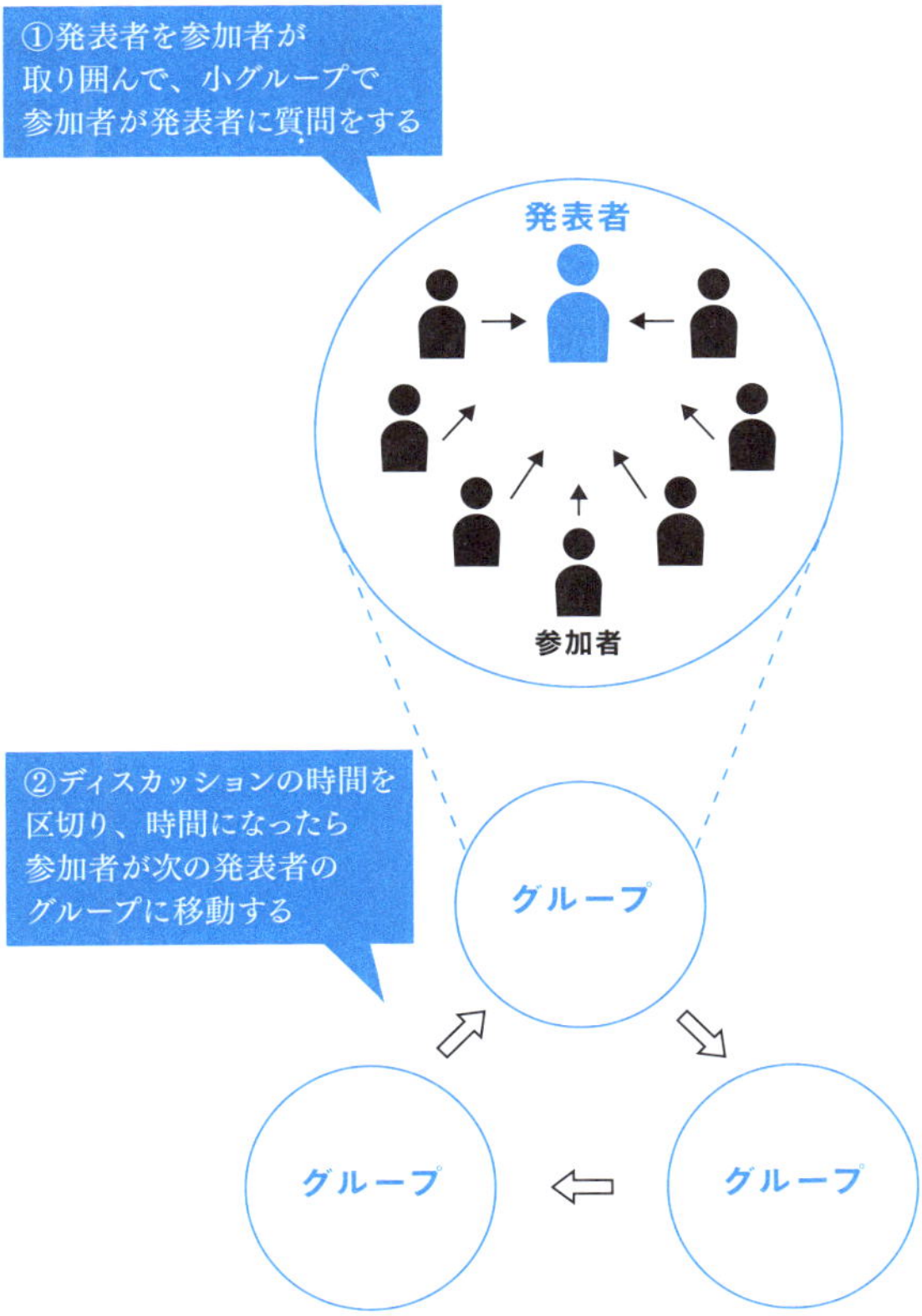

03

「ステップ2：展開」の進め方

研修をする

内容や進め方は「ステップ1：立ち上げ」と同じです。

導入を支援する

こちらも内容はステップ1と同じです。

ただし、展開ステップでは、同時に平行して進めるチームが増えるので、OKR推進チームのメンバーを増やすなどの対策が必要です。

大きい企業では、部門ごとにOKR推進チームを作って、加速度的にOKRを導入するチームを増やすという方法を採用する傾向があるのですが、これまでの筆者の経験からはこのような急進的な展開は避けるべきです。もしそのようにしたいならば、いくつかの注意が必要です。

というのも、急に推進チームを立ち上げるために、OKRに詳しくない人を選抜してOKR推進チームのメンバーにすることがあるからです。

これも問題ですが、さらに問題なのは、このような方たちを人に指導できるレベルに育成もせずに、推進をさせるということです。

その結果、「なんちゃってOKR」で進めてしまうチームが増えてしまいます。

一度身につけてしまった癖を治すのは大変です。そうならないよう、指導的な立場の人はOKRに関する十分な知識と、指導のスキルが必要です。

さらに問題となるのが、OKRに詳しくないだけではなく、あまり能力のない人のやっかいばらい的な位置づけで部門OKR推進チームを作ってしまうことです。

推進チーム全体が停滞するというのもありますが、OKRチームを解散したときに、このような方たちの受け皿がないということになってしまう可能性もあります。

事例発表会を開催する

ステップ1と内容は同じでもよいですが、同じ内容で繰り返していくと、参加者が減ってきてしまいます。少しずつやり方を変えてください。外部から講師を招いて講演会をするというだけでも、変化を感じられます。

次の導入部門を決める

新たな導入部門を決めます。初期段階では「やりたい」という前向きな部門から行うので進めやすいのですが、中盤になってくるとどちらかというと「やりたくない」という後ろ向きな部門を対象としなくてはならないので、何かとパワーが必要です。ここが踏ん張りどころです。

導入されていない部門が残りわずかとなってくると、導入に難色を示していた部門も、取り残されたくないという思いから前向きに取り組むようになってきます。

このような状態になれば、展開ステップは終わりです。

展開ステップのOKR推進チームの形

成功しやすい形

部門が増えてもOKR推進チームは1つ

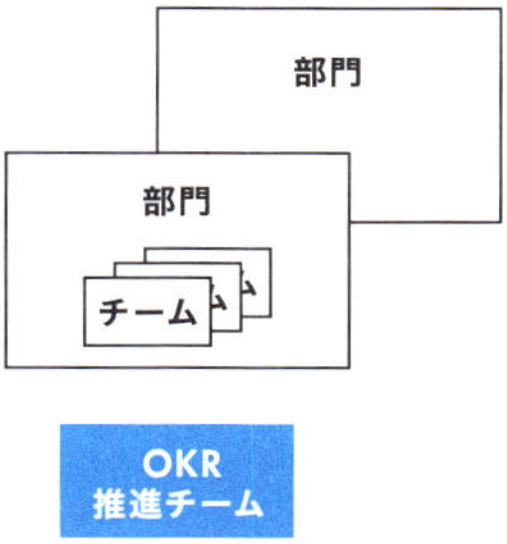

失敗しやすい形

部門ごとのOKR推進チームと、OKR推進統括チームを置く

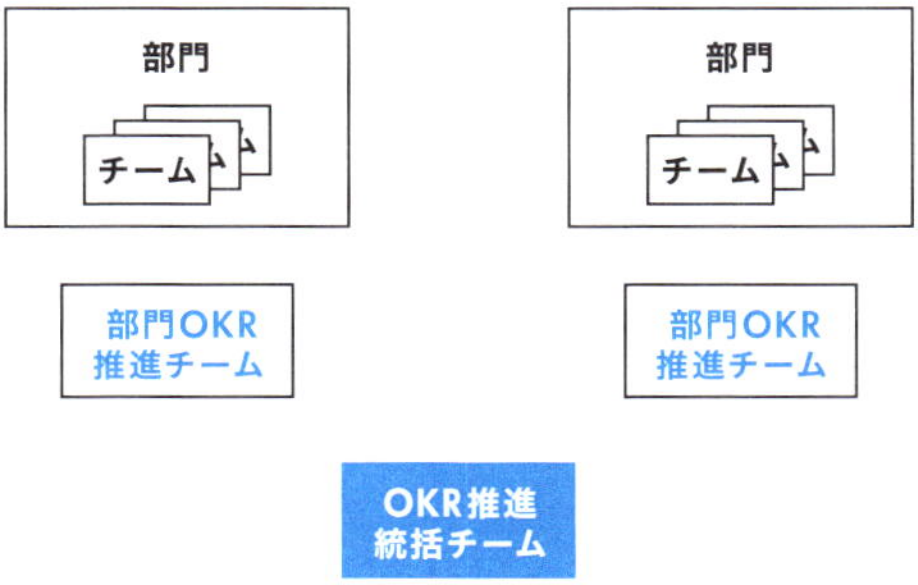

04

「ステップ3：定着」の進め方

OKRを制度化する

制度化するというのは、「出張に行ったら旅費の精算をする」というのと同じレベルで、当たり前のルールとしてOKRが存在している状態にするということです。

年に1回企業レベルのOKRを設定する。各部門は、企業レベルのOKRに従って、3カ月ごとに部門のOKRを見直す。といったイベントを企業の年間スケジュールに組み込みます。OKRについての正しい理解と、OKRの設定やOKRの運用に関するファシリテーションの手法を学ぶための研修を、社内の人材育成の仕組みに組み込みます。

このような研修は、新卒の3年目や中途社員の方が受講するのが適しています。研修の講師を社内で育てておくことも忘れないでください。自社のことをよく知っている人が講師をしたほうが、自社の状況に合わせて適切な事例を使うなどして、内容の濃い研修ができます。

研修を社外の研修会社に委託するというのもありです。日本企業特有の特徴なのか、社内の講師だと受講者から軽く見られてしまい、話を聞いてもらえないという傾向があります。このような状況が顕著な場合は特に、社外の講師を検討する余地があります。

ＯＫＲ推進チームを解散する

制度ができたら、ＯＫＲ推進チームは不要となります。ＯＫＲ推進チームを解散し、メンバーはそれぞれ異動します。

企業レベルのＯＫＲを設定するイベントのファシリテーターや、各チームでのＯＫＲの設定を支援するコーチは、経営企画部に異動するのが適切です。数人はＯＫＲについての研修をするために、人材育成部門に異動することになるでしょう。受講対象者が少なく、年に数回、講師を担当するだけならば、人財育成部門でなくても他の業務をしながらでもできます。

ここまでの活動が行えるというのは、他の仕事でも十分に成果を出せるような人財に成長してきていますので、異動先でも暖かく迎えてもらえるでしょう。

05 階層型組織のOKR

それぞれのチームがOKRを使って運営を行えるようになってきたら、次はチーム同士が連携して相乗効果を出せるようにしていきます。

メーカーの例で考えてみます。

「営業チーム」の担当が顧客から注文を取ってきて、その注文に基づき「製造チーム」が製品を作ります。しかし、製造するには、自社では作れない部品が必要で、その部品は「調達チーム」が社外のサプライヤーに発注をかけて納品を待ちます。完成した製品は「配達チーム」が顧客のもとへと運搬します。

それぞれのチームが、自チームのミッションに基づき、野心的なOKRを設定したとします。たとえば、次のようなObjectiveです。

・営業：注文あたりの利益を増やすために、高利益の製品に絞って提案をする。
・製造：コスト低減のために、ある程度の注文が溜まってから機械を動かして製造する。

それぞれのチームのOKRがバラバラだと……

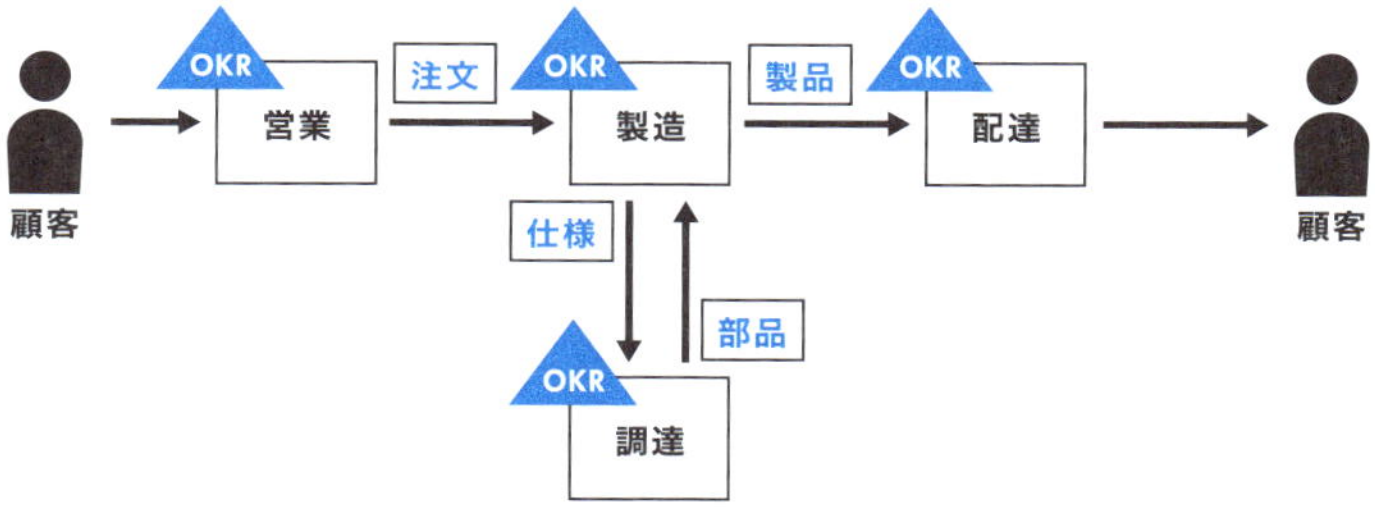

それぞれのチームが独自にOKRを設定した場合、
努力の方向性がバラバラになってしまい、ムダが発生する可能性が高い

・調達：部品の原価を低減するために、大量購入をしてサプライヤーから値引きをしてもらう。
・配達：完成した製品を素早く顧客のもとへと届けるために、運搬車両とドライバーの数を増やす。

各チームはそれぞれ頑張っているのですが、足並みが揃っているとは言えず、プロセス全体で見ると多くのムダが発生しています。このムダが積み重なっていけば、経営を圧迫するのは明白です。

どのような方向に向かって努力をすべきか、その方針が必要となります。

この場合、この4チームが所属している組織として、上位のOKRを設定し、そのOKRが達成できるように、各チームがOKRを決めます。

左ページの図のように、上位の Key Result が属するチームの Objective と対応するように設定するのが最もシンプルでわかりやすいです。

しかし、このようなOKRの階層構造はチーム同士の関係をおろそかにするので、チーム間

**上位のOKRがあり、
チームごとにKeyResultを設定すると……**

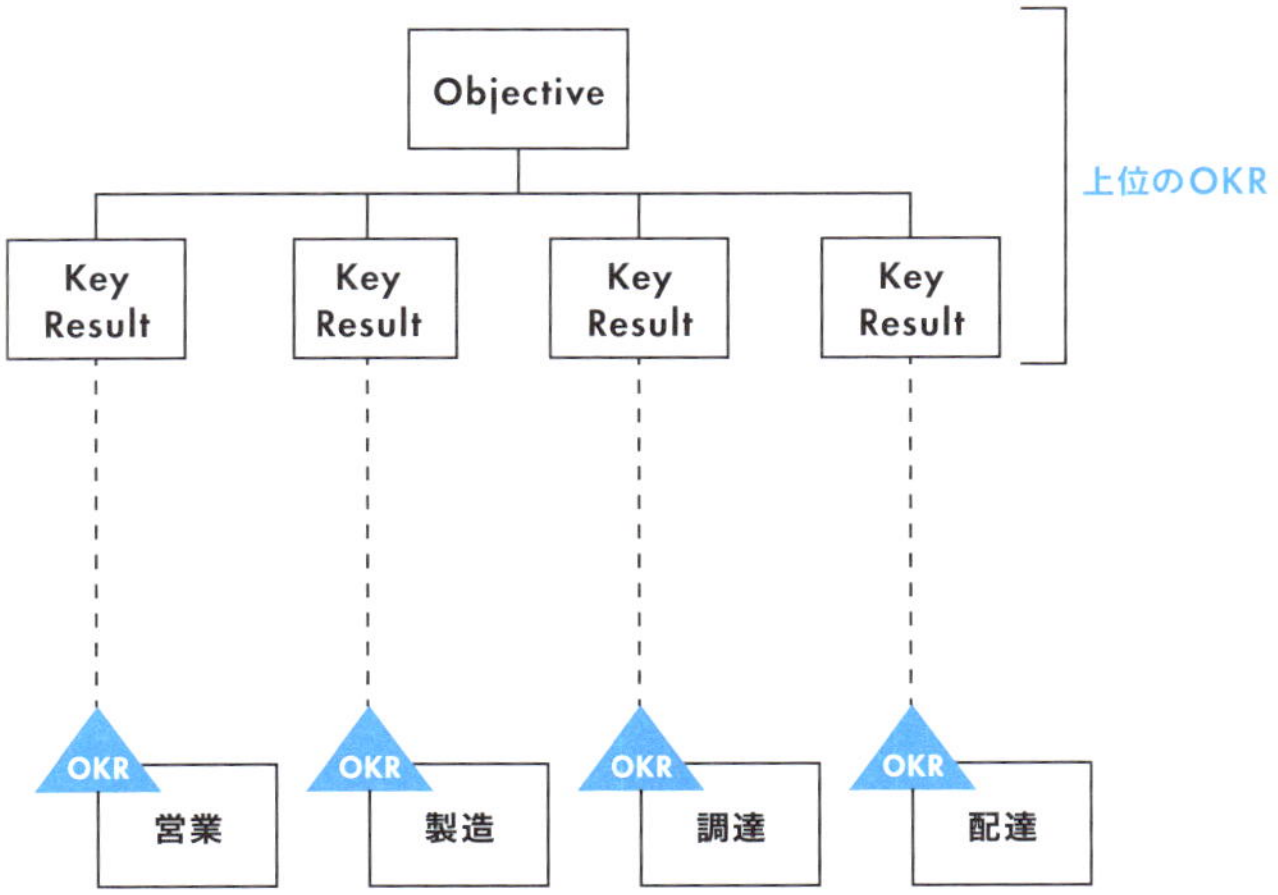

ムダは少なくなるかもしれないが、
各チームのOKRの独自性が高いため、
チーム間の相乗効果は期待できない

の相乗効果を狙うならば、あまり好ましいとは言えません。組織でOKRを運用する際に、全チームのOKRをオープンにするとよいと、どこでも言われていますが、オープンにしたところで他のチームに関心が持てないならば、その効果は半減してしまいます。

チーム間の相乗効果を生み出すには、上位の Key Result を複数のチームで達成する形を取るのをおすすめします。

チームのOKRを決めるのに、他のチームを交えて話をしなくてはならないので、衝突が増えますが、その一方で互いのチームの理解が増します。

また、運用をする中でどのチームも上位の Key Result を十分に達成できればよいのですが、そうではないとき、それぞれのチームが助け合うような関係になっていきますし、新たなアイデアも生まれます。

組織の階層が増える場合は、階層ごとに同様の考えでOKRを設定してください。

上位のOKRがあり、
複数チームでKeyResultの達成を目指すと……

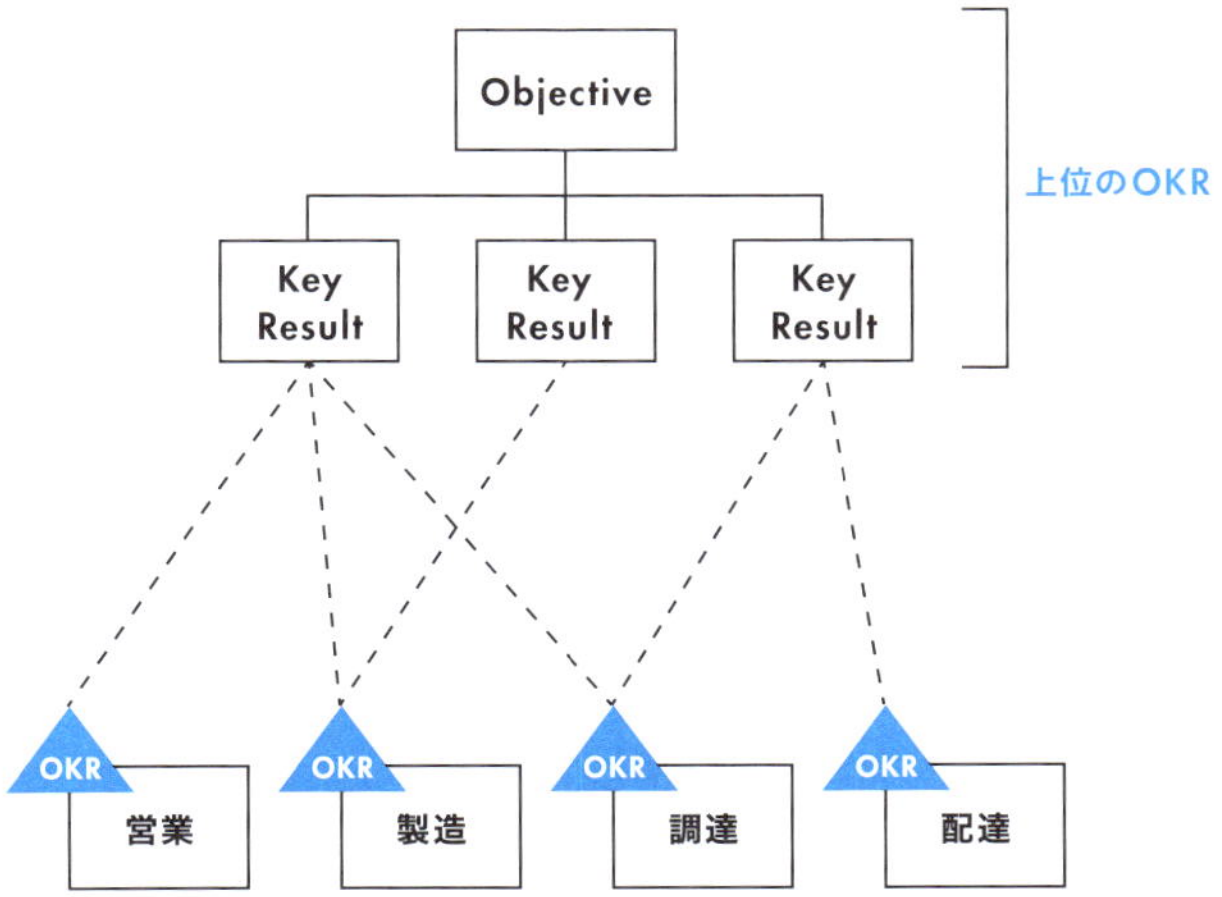

上位のKeyResultを複数のチームで達成する構造なので、
チーム間の交流・協力が必須となる

06 マトリクス型組織のOKR

前述の階層型組織の場合は、組織が上位下位の概念で構成されており、上位の Objective に向かってOKRを決めればよいのでわかりやすいでしょう。

しかし、マトリクス型組織の場合は、その組織の構造上、「職能軸と製品軸」のように複数の軸で組織を分類するので、上位の Objective も複数存在します。OKRの「アライメント」の原則に重きを置くと、「フォーカス」という原則から外れてしまいます。

このような状況で「フォーカス」するには、経営トップから「職能軸を優先する」「製品軸を優先する」というような方針を出すというのが、解決策の1つになります。

たとえば、それぞれの製品に関わる人数が10人程度で1チームとして動ける人数であれば、製品のOKRにフォーカスするほうが行動しやすくなります。

人数が多い場合にチームを分ける際も、製品にフォーカスするのがおすすめです。多様な職能のメンバーが集まるほうが多様性が増して、新たなアイデアが生まれやすくなります。

マトリクス型組織の例

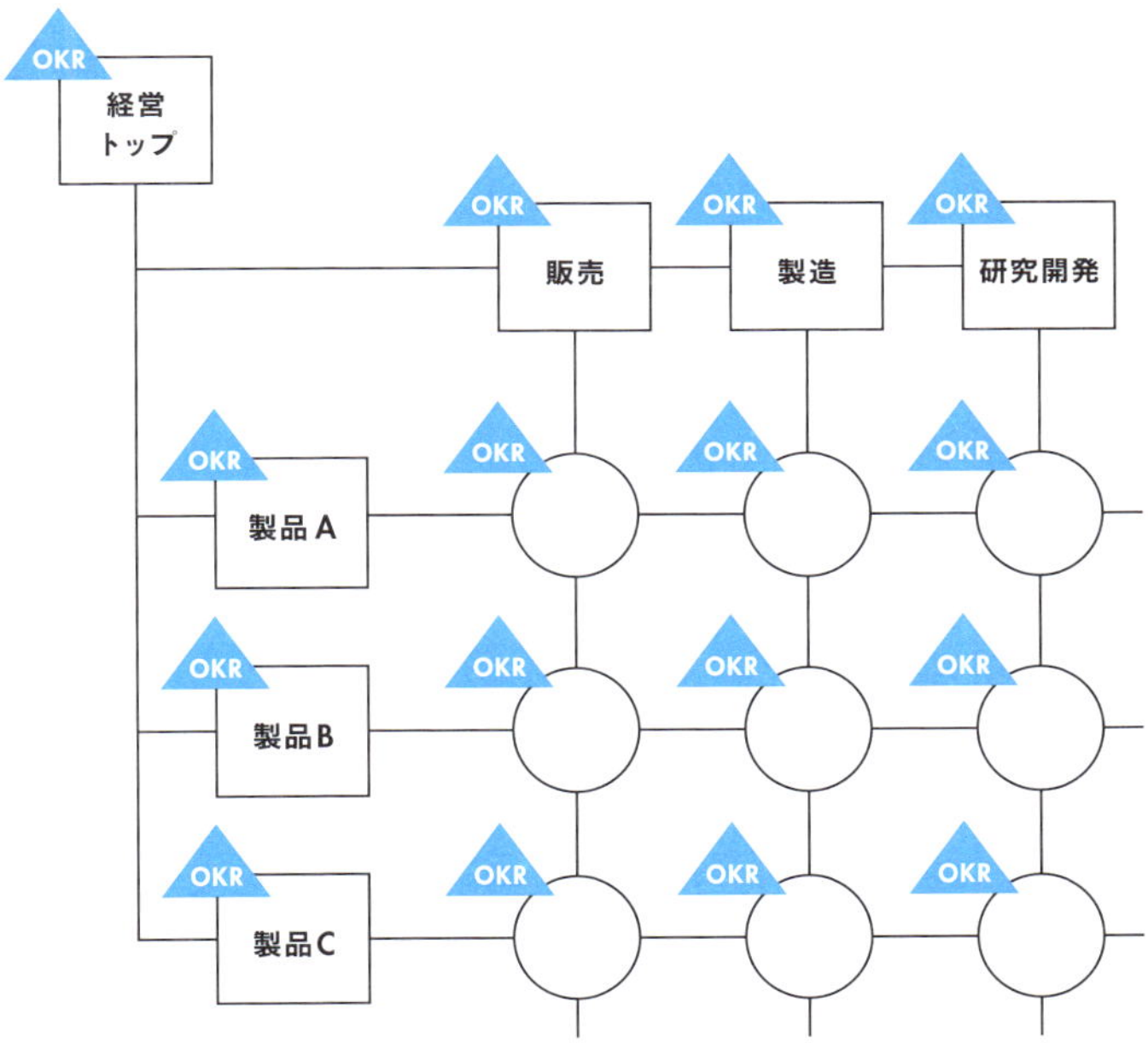

職能ごとでチームを作ると、それぞれのチームの同質性が増すので、自然とチーム間のセクショナリズムが強くなる傾向があります。現状を維持するのならば問題ありませんが、クリエイティブさを求めるならばおすすめしません。

適切な道具を使おう

ＯＫＲは単なる道具です。どのように使うかは使い手次第。目的に応じて適する道具も異なります。ＯＫＲを他の道具と組み合わせてよりよい道具へ進化させることができる一方で、ＯＫＲが適さない問題にもＯＫＲを使い、より解決が難しい状況になってしまうこともあります。

板に釘が半分刺さり、邪魔になっている状態を想像してください。金槌しかなければ、打ち込むしかなく、板の裏側に突き抜けて、より問題が大きくなるかもしれません。しかしペンチがあれば釘を抜けますし、釘抜きという専用ツールがあればもっと小さな力で解決できます。

みなさんの「本当にやりたいこと」を実現するための道具箱の中に、ゴール設定の道具である狭義のＯＫＲや、ふりかえりの道具であるＫＰＴＡを常備し、いつでも使える状態にしていただけると幸いです。

マトリクス型組織でのチーム作り

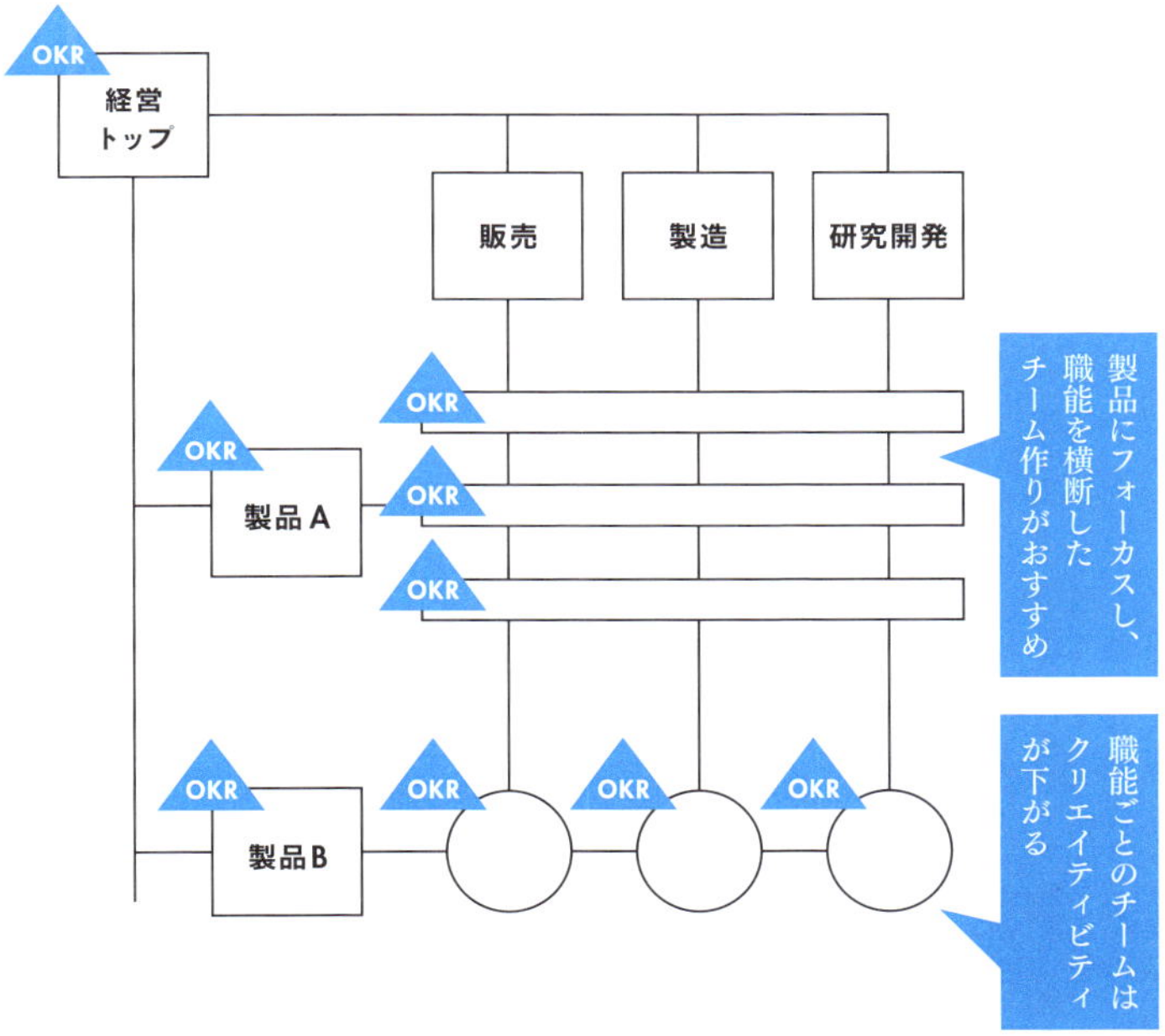

Epilogue

読んだだけではよくなりません。始めて、わかるのです。

OKRには、組織を激変させる効果が間違いなくあります。これは世界で活躍する企業がそのポジションまで成長したことや、現在もトップを走り続けていることが、証明しています。

私はOKRのことを初めて知ったとき、この特効薬をチームや組織に導入さえすればみんな幸せになれる、と思い、期待を胸にしていました。しかし、実際に導入してみると、思うようにはいきませんでした。OKRの書籍で書かれているようなことを実行してはみたものの、成果が出てこないのです。少し時間がかかるのかな？　と思い、待ってみたものの、変わらない。私はOKRは万能のツールだと信じていましたが、チームに導入した後、錆びた鎌と同じように、役に立たないモノとして認識してしまう時期がありました。

私の失敗は、まさに「『できる』と『できた』は違う」ということを示しています。

世の中にはOKRを活用し周りを幸せにできる人もいれば、チームの目標を見失い、統制が取れず、結局目標を達成できない人もいるのです。この違いは何なのか？　それは、本を読んだだけで、「できる」と過信してしまうこと。すでに会得したものと誤認してしまうこと。イレギュラーには目をつむること。創意工夫せず、自分たちのものに変える努力しないこと……。

本書は、ＯＫＲとＫＰＴＡを活用し、組織の目標を達成するプロセスを紹介しています。ただし私が経験したように、すべての組織がこの本の方法でうまくいくとは限りません。むしろ、何らかの工夫、ふりかえり、改善は絶対に必要です。『できる』と『できた』は違う」を念頭に、組織として改善活動を継続すれば、よい規律が生まれ、成果が出るようになるのです。

福井県にある禅の修行の地として有名な曹洞宗大本山永平寺に、そのお寺の開祖である道元禅師の教えが掲げられています。

「修せざれば現れず」。

「知る」ということと「わかる」こととは違うのです。知ってはいても、実行が伴わなければ、わかったことにはなりません。薬の効能書きを読んだだけでは、病気は治りません。禅も実行してはじめて、わかることなのです。

みなさんもぜひ読むだけではなく実行して、ＯＫＲを「わかって」いただきたいと思います。

ＯＫＲ Ｊａｐａｎ代表　北野 弘治

謝辞

本書を作成するにあたり、多くの方のお力添えをいただきました。

私にＯＫＲについての手ほどきをしていただいた、ＯＫＲ Ｊａｐａｎ代表の北野弘治様には大変感謝しております。購入者特典として、Ｚｅａｌｕｐのトライアルライセンスの発行を快く引き受けていただいた、株式会社Ｚａｂｕｔｏｎの矢納正浩様にも感謝いたします。

株式会社永和システムマネジメントへの入社のきっかけを作っていただいた、平鍋健児社長には、大変感謝しております。さらに、同僚の家永英治さん、齋藤崇さんには、実践の方法を一緒に考えていただきました。マナビノシクミとして一緒に活動している、串田幸江さん、前川直也さんには、ＫＰＴＡの活用について、いつも相談にのっていただきました。

また、本書をよりよくするためにレビューをいただいた多くの方に感謝いたします。特に、株式会社エーラボの西原隆様には、ＴＯＣの観点で多くの指摘をいただき、筆者の勘違いを正していただきました。懸田剛様には、「Ｗｈｙ」を考えることの大切さを教えていただきました。

最後に、遅筆の筆者の原稿を我慢強く待っていただき、さらに素晴らしい編集をしていただいた、株式会社かんき出版の鎌田菜央美さん。本当にありがとうございます。

天野 勝

郵便はがき

料金受取人払郵便

麹町局承認

5200

差出有効期間
2020年2月29日
まで

102-8790

226

東京都千代田区麹町4-1-4
西脇ビル

㈱かんき出版
読者カード係行

フリガナ	性別　男・女
ご氏名	年齢　　歳
フリガナ	
ご住所　〒 TEL　　（　　）	
メールアドレス □かんき出版のメールマガジンをうけとる	
ご職業 1. 会社員（管理職・営業職・技術職・事務職・その他）　2. 公務員 3. 教育・研究者　4. 医療・福祉　5. 経営者　6. サービス業　7. 自営業 8. 主婦　9. 自由業　10. 学生（小・中・高・大・その他）　11. その他	

★ご記入いただいた情報は、企画の参考、商品情報の案内の目的にのみ使用するもので、他の目的で使用することはありません。

★いただいたご感想は、弊社販促物に匿名で使用させていただくことがあります。　□許可しない

ご購読ありがとうございました。今後の出版企画の参考にさせていただきますので、ぜひご意見をお聞かせください。なお、ご返信いただいた方の中から、抽選で毎月５名様に図書カード（1000円分）を差し上げます。

サイトでも受付中です！　https://kanki-pub.co.jp/pages/kansou

書籍名

①本書を何でお知りになりましたか。

- 書店で見て　• 知人のすすめ　• 新聞広告（日経・読売・朝日・毎日・その他　　）
- 雑誌記事・広告（掲載誌　　）
- その他（　　）

②本書をお買い上げになった動機や、ご感想をお教え下さい。

③本書の著者で、他に読みたいテーマがありましたら、お教え下さい。

④最近読んでよかった本、定期購読している雑誌があれば、教えて下さい。
（　　）

ご協力ありがとうございました。

読者限定特典
「Zealup」90日間無料トライアル
クーポンコードプレゼント

本書をご購入いただいたみなさんに、OKR 導入に役立つデジタルツール「Zealup」の無料トライアルクーポンコードをプレゼントします。通常の無料トライアル期間は 30 日間のところ、クーポンコードがあれば、90 日間無料でお使いいただけます。この機会に、ぜひお試しください。

①「Zealup」のページを開く

QR コードを読み込むか、下記の URL を入力してアクセスしてください。

https://business.zealup.jp/

②申し込みページを開く

上記ページ内の「無料トライアルを始める」ボタンを押してください。

③必要な情報とクーポンコードを入力して申し込む

お申し込みに必要な情報のほか、「ご質問など」の項目に次のクーポンコードを入力し、「無料トライアル申込」ボタンを押してください。

クーポンコード→　OKR+KPTA

これで申し込み完了です。担当者からメールが届くまで、しばらくお待ちください。

【注意事項】

・本特典は、インターネットの接続環境がある方へご提供しています。

・「Zealup」は株式会社 zabuton が提供しているコンテンツです。株式会社かんき出版はその内容を関知しておりませんので、「Zealup」に関するお問い合わせは上記サイト内のお問い合わせフォームか株式会社 zabuton（https://zabuton.co.jp/）までお願いいたします。

・本特典は、事前の予告なく終了する可能性があります。株式会社かんき出版は、上記ウェブサイトのアドレス変更、公開中止等の場合でも、それを理由とした書籍の返品には応じられませんので、あらかじめご了承ください。

【著者紹介】

天野　勝（あまの・まさる）

◉——株式会社永和システムマネジメント コンサルティングセンター センター長。OKR Japanマスターファシリテータ第一号。

◉——総合電機メーカーの情報システム部を経て、2002年より現職。オブジェクト指向をはじめとするソフトウェア開発技術および、アジャイルソフトウェア開発手法の導入に関するコンサルタントとして活躍。ソフトウェア開発現場を楽しいものとするため、アジャイルソフトウェア開発の実践・コンサルティングから得られた知見をもとに体系化した、チームファシリテーションの普及に注力している。アジャイル開発コーチ業務でかかわった顧客は、キヤノン、富士通、オリンパス、本田技研工業、ヤフー、ビッグローブ、NTTデータCCSなど。

◉——著書に『これだけ！　KPT』（すばる舎リンケージ）がある。また、『リーン開発の本質 ソフトウエア開発に活かす７つの原則』（日経BP社）などの翻訳のほか、日経ソフトウエアなどに雑誌記事を多数寄稿。

【監修者紹介】

OKR Japan（おーけーあーるじゃぱん）

◉——Googleやインテルなどの名だたる成長企業が導入する目標管理手法「OKR」の普及を行う団体。OKRの恩恵をより多くの人が受けられるようにすることを「Objective」として活動している。

最短最速《さいたんさいそく》で目標《もくひょう》を達成《たっせい》するOKRマネジメント入門《にゅうもん》　〈検印廃止〉

2019年２月18日　　第１刷発行

著　者——天野　勝
監修者——OKR Japan
発行者——齊藤　龍男
発行所——株式会社かんき出版
東京都千代田区麴町4-1-4 西脇ビル　〒102-0083
電話　営業部：03(3262)8011㈹　編集部：03(3262)8012㈹
FAX　03(3234)4421　　振替　00100-2-62304
http://www.kanki-pub.co.jp/

印刷所——新津印刷株式会社

　ISBN978-4-7612-7399-6 C0034